中社智库

新时代智库出版的领跑者

国家智库报告（2021）

National Think Tank（2021）

中国对外贸易报告

（2020—2021）

CHINA'S TRADE REPORT（2020—2021）

张琳　石先进　等著

中国社会科学出版社

图书在版编目（CIP）数据

中国对外贸易报告 . 2020—2021 / 张琳等著 . —北京：中国社会科学
出版社，2021. 10
（国家智库报告）
ISBN 978 - 7 - 5203 - 9241 - 9

Ⅰ. ①中… Ⅱ. ①张… Ⅲ. ①对外贸易—研究报告—中国—
2020 - 2021 Ⅳ. ①F752

中国版本图书馆 CIP 数据核字（2021）第 204245 号

出 版 人	赵剑英
项目统筹	王 茵 喻 苗
责任编辑	孙砚文 周 佳
责任校对	闫 萃
责任印制	李寡寡

出 版	中国社会科学出版社
社 址	北京鼓楼西大街甲 158 号
邮 编	100720
网 址	http://www.csspw.cn
发 行 部	010 - 84083685
门 市 部	010 - 84029450
经 销	新华书店及其他书店

印刷装订	北京君升印刷有限公司
版 次	2021 年 10 月第 1 版
印 次	2021 年 10 月第 1 次印刷

开 本	787 × 1092 1/16
印 张	10
插 页	2
字 数	130 千字
定 价	58.00 元

摘要： 2020 年新冠肺炎疫情对全球贸易造成了严重冲击，世界贸易增速为 −5.1%，成为继 2008 年国际金融危机后又一次较大幅度的负增长。2020 年 2 月以后，新冠肺炎疫情全球肆虐，世界各国停工停产，中国对外贸易同样遭到重创。2020 年 6 月以后，得益于积极的复工复产措施以及严防严控措施，中国的进口和出口开始呈"双升"转变。与其他国家相比，中国的对外贸易受冲击的程度更轻、严重态势所持续的时间更短。2020 年中国总体外贸形势好于预期，出口增长 3.6%，进口下降 1.1%，第四季度的出口增速甚至超过 10%。本报告分别从国别结构、商品结构、地区结构、贸易方式和服务贸易等角度，深入剖析了我国对外贸易的增长动力和特征。展望 2021 年，中国外贸形势谨慎乐观，在全球疫情稳定较好的情形下，中国出口可维持 3% 左右的增速。从商品结构看，"疫经济"和"宅经济"依然是中国贸易红利，纺织、医疗、机电等产品仍具有更大的增长空间。从国别结构看，随着 RCEP 的逐步生效，我国与越南、新加坡、马来西亚、泰国等东盟国家，以及日本、韩国的贸易将得到较快增长。从贸易方式看，疫情期间外部供需下降、物流中断以及人员短缺导致加工贸易占比下降，未来基于供应链安全的考量，疫情重塑产业链分工格局，中国的加工贸易可能会进一步向境外转移。从服务贸易看，2021 年中国服务贸易增长会较 2020 年有一定的反弹，但幅度有限。新兴服务行业以及知识、技术密集型服务行业贸易额将进一步增加，数字贸易特别是数字服务出口有望成为发展的新亮点。

关键词： 对外贸易；商品结构；国别结构；贸易方式；服务贸易

Abstract: In 2020, the pandemic has harmed global trade seri-
ously. The growth rate of global trade dropped to −5.1%, which be-
came another negative growth after the 2008 international financial
crisis. COVID −19 strarted to hit the world since Feb03ray and China
also experienced the slowdown in international trade since then.
Luckily, due to the strong ability to reopen its domestic supply chains
ahead of other countries, the recovery of China's foreign trade was es-
pecially strong since June 2020. The fall in China's foreign trade was
much smaller than in other regions. In 2020, China's forreign trade
was much better than expected, with exports increasing by 3.6%,
imports decreasing by 1.1%, and the export growth rate in the fourth
quarter even exceeded 10%. This report deeply analyzes the impetus
and features of China's trade growth from the perspectives of merchan-
dise structure, country structure and area structure, types of mer-
chandise trade and service trade. The report also forcast the develop-
ment of China's trade in 2022. It could be cautiously optimistic under
the good scenario of global epidemic and stable economy recovery,
China's export is expected to reach 3% growth rate. From the per-
spective of commodity structure, "epidemic economy" and "housing
economy" are still China's trade dividends. Exports of textile, medi-
cal, electromechanical and other products are expected to have further
growth. From the perspective of country structure, with RCEP entr-
ying into force, trade with ASEAN countries such as Vietnam, Singa-
pore, Malaysia and Thailand, as well as with Japan and South Korea
will grow rapidly. From the perspective of types of merchandise trade,
the decline of external demand, logistics interruption and personnel
shortage during the epidemic period lead to the decline of the propor-
tion of China's processing trade. In the future, based on the consider-
ation of supply chain security, the epidemic will reshape the division

of labor in the industrial chain, and China's processing trade may be further transferred abroad. From the perspective of service trade, the growth of China's service trade in 2021 will slightly rebound. The trade volume of service industries and knowledge and technology intensive service industries will further increase. Driven by the rapid development of digital industry, digital trade especially digital service export, is expected to become a new bright spot.

Key Words: Internationality Trade, Commodity Structure, Country Structure, Trade Mode, Trade in Services

目　　录

第一章　总论*

2020 年世界贸易增速是 −5.1%，中国出口增长 3.6%，表现均好于预期，其原因在于与疫情有关的商品贸易逆势增长。世界贸易和中国外贸的恢复速度快、恢复力度强。预计 2021 年世界贸易将明显反弹，增长 5% 左右。中国外贸占世界贸易的份额将从 2020 年的峰值回落，但是外贸表现也不会差，预计出口增长 3% 左右。

一　2020 年世界与中国贸易形势分析

（一）世界贸易形势分析

1. 总体分析

2020 年世界贸易增速是 −5.1%，① 是继 2009 年国际金融危机后又一次较大幅度负增长。2010—2018 年，虽然世界贸易形势比国际金融危机之前要差，也有一定的波动性，但每年增速都高于 1.3%。2019 年，受中美经贸摩擦等因素影响，世界贸易已经显出疲态，增速是 −0.4%。2020 年世界贸易负增长不仅是因为受到疫情冲击，也是因为世界贸易本身进入下行期。基

＊ 本章作者为苏庆义、石先进、张琳。

① 如无特别说明，本部分数据来自荷兰经济政策分析局世界贸易监测数据，并且指出口增速。

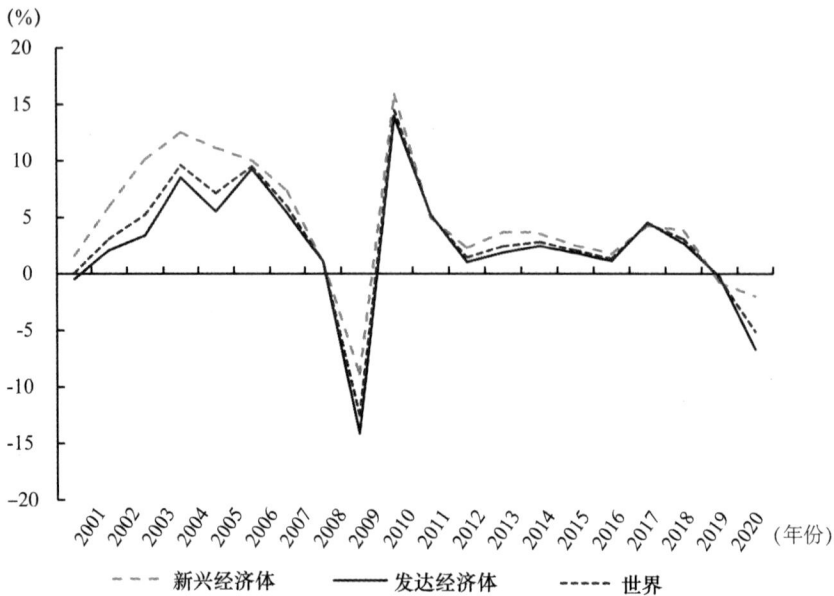

图 1.1 世界货物贸易出口实际增速

资料来源：根据荷兰经济政策分析局世界贸易监测数据计算。

于过去 170 年的世界贸易运行历史，可以发现，世界贸易平均每十年会出现一次负增长。国际金融危机导致世界贸易大幅下滑，2009 年世界贸易增速是 - 12.5%，2020 年疫情对世界贸易的冲击程度小于国际金融危机。

实际上，2020 年世界贸易形势比当年上半年预计得要好很多。2020 年 6 月世界贸易组织（WTO）发布的《贸易统计与展望》预计当年世界贸易下滑的区间是 13%—32%。但是，世界贸易从 2020 年 6 月就开始恢复，下半年的表现远好于预期。WTO 在 2020 年 10 月发布的《贸易统计与展望》调低下降幅度，预测 2020 年世界贸易下降幅度为 9.2%。2020 年的实际表现仍好于这一预测。其中，发达经济体表现明显比新兴经济体差。2020 年发达经济体增速是 - 6.7%，新兴经济体增速是 - 2.0%。各类商品价格基本反映了这一走势。商品价格在 2020 年上半年下跌之后，在下半年明显反弹。

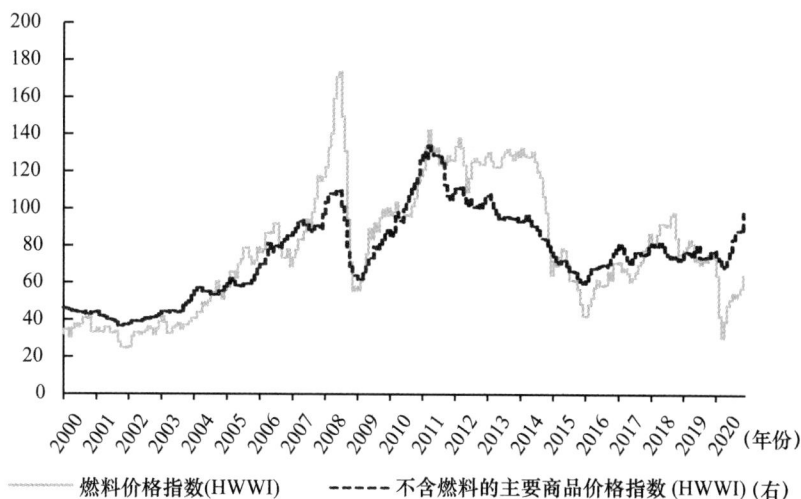

图 1.2 商品贸易指数（年平均值 = 100）

资料来源：根据荷兰经济政策分析局世界贸易监测数据计算。

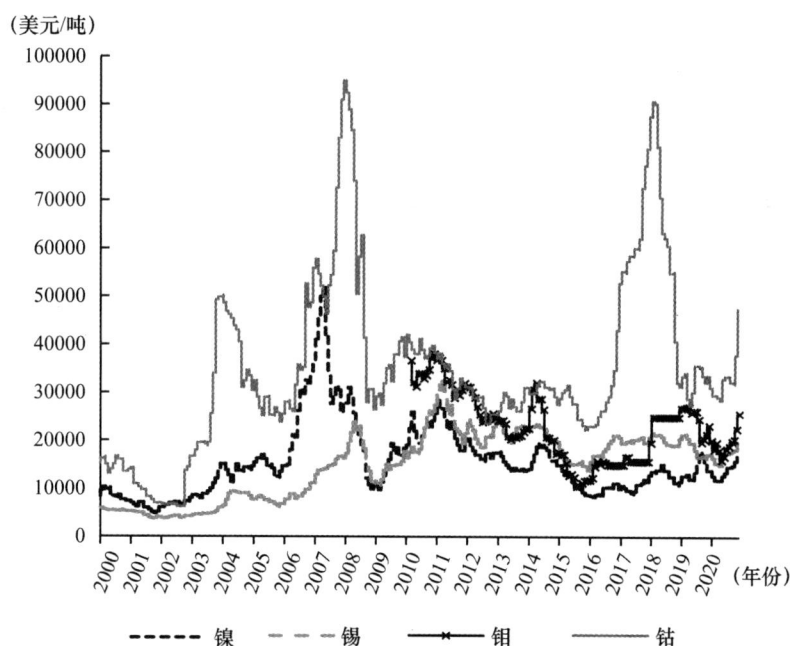

图 1.3 有色金属：镍、锡、钼、钴价格走势

资料来源：国际货币基金组织（IMF）商品价格。

（美元/吨）

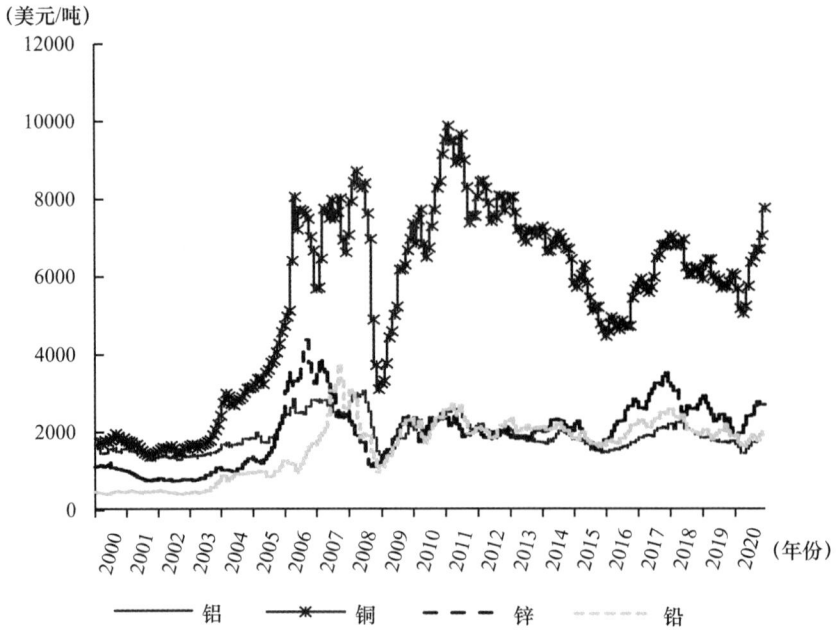

图 1.4　有色金属：铜、锌、铝、铅价格走势

资料来源：国际货币基金组织（IMF）商品价格。

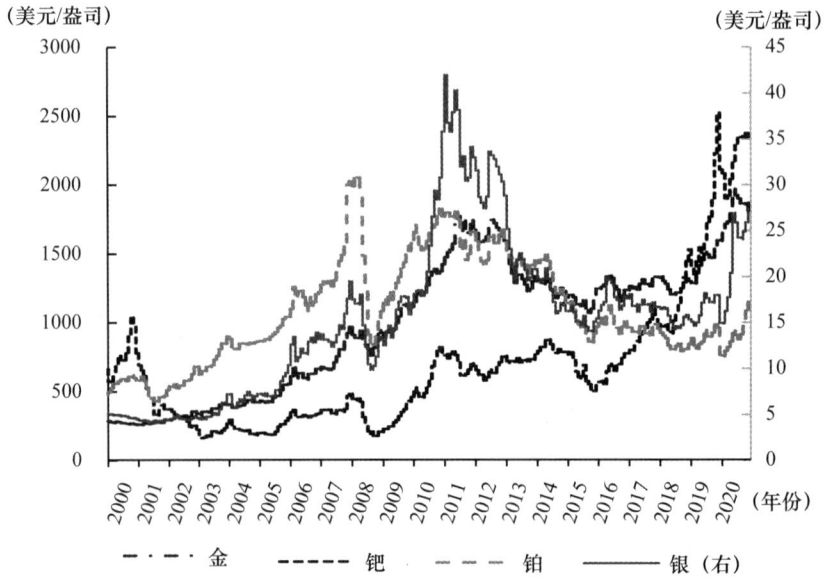

图 1.5　贵金属：金、银、钯、铂价格走势

资料来源：国际货币基金组织（IMF）商品价格。

（美元/吨）

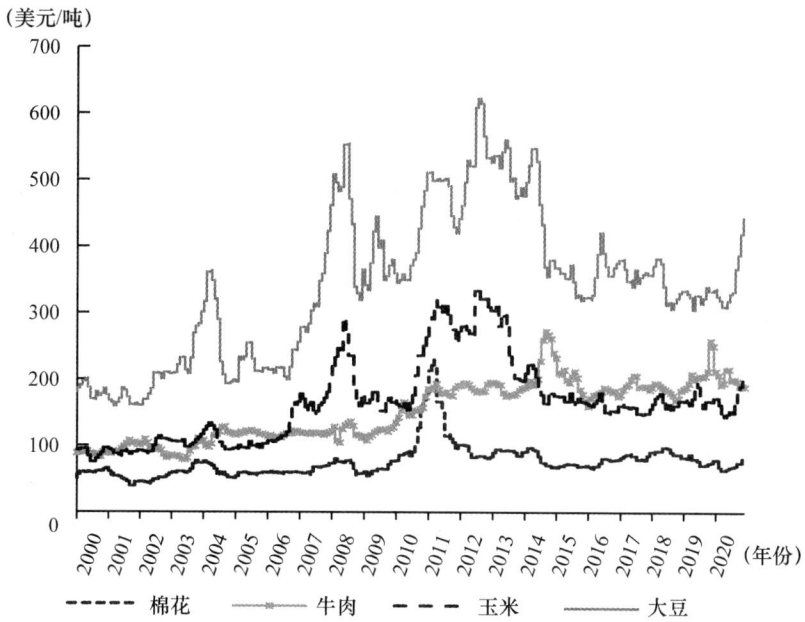

图1.6 农产品：大豆、牛肉、玉米、棉花价格走势

资料来源：国际货币基金组织（IMF）商品价格。

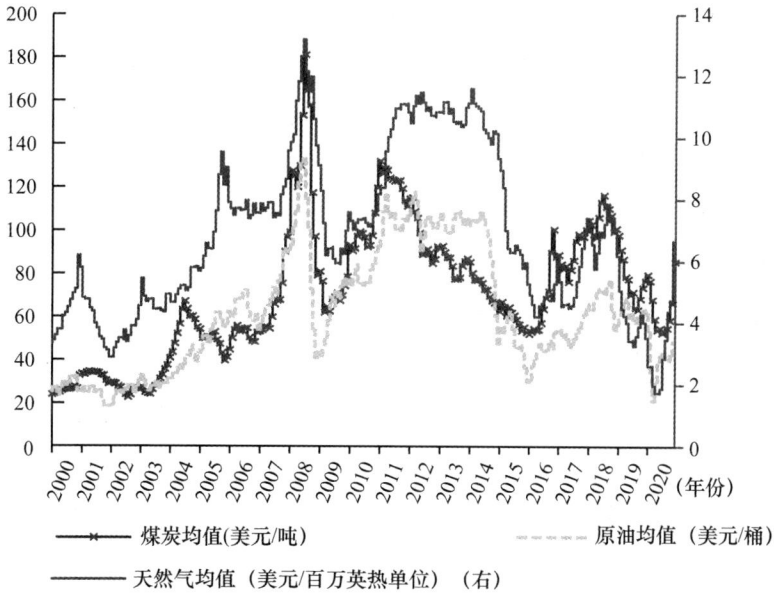

图1.7 能源产品：煤炭、原油、天然气价格走势

资料来源：国际货币基金组织（IMF）商品价格。

　　2020 年下半年世界贸易快速恢复、全年形势好于预期的原因在于：第一，与疫情有关的商品贸易快速增长。医药品、口罩、呼吸机、计算机等商品需求大幅增加。第二，各国政府出台的刺激和救助措施开始发挥效力。为应对疫情冲击，世界主要国家均实施了较大力度的财政和货币政策。第三，中国很快就控制住了疫情，生产恢复得很快。中国作为世界第二大经济体和第一大货物贸易国，从 2020 年第二季度就开始实现 3.2% 的增长。第四，疫情对服务贸易的冲击大于货物贸易。疫情造成国际范围的人员流动困难，甚至停滞，直接影响运输物流、旅游、酒店等服务业。

　　发达或新兴经济体代表性国家出口份额与出口增速变化如图 1.8 至图 1.11 以及表 1.1 所示，欧元区出口比重虽一直在下降，但其占比仍在 25% 以上；日本和美国出口比重长期保持稳定。2020 年受疫情影响，欧、美、日三地出口比重呈不同程度下降，各自份额变化分别为 -1.0%、-0.5%、-0.2%，出口增速大幅下跌，欧、美、日分别下跌 8.7%、10.5%、7.7%。新兴经济体出口比重与增速如图 1.10 和图 1.11 所示，2000 年中国加入 WTO 以来，全球贸易地位持续提升，出口比重从 2000 年的 4% 上升到 2020 年的 12.9%，中国通过"复工复产""六稳""六保"措施积极应对新冠肺炎疫情，再加上强大的医疗防护物资生产能力，在全球出口黯淡之际，中国的出口比重上升明显，与 2019 年相比提升了 1.1%。其余亚洲经济体出口比重保持平稳上升趋势，过去 20 年内上升了 1.9%，非洲地区则下降了 2.6%，拉美地区、东欧或独联体国家长期稳定在较低水平。出口方面只有中国一枝独秀，2020 年中国实际出口增速高达 2.6%，而 2019 年为 0.5%，其余各地区则不同程度地下降。

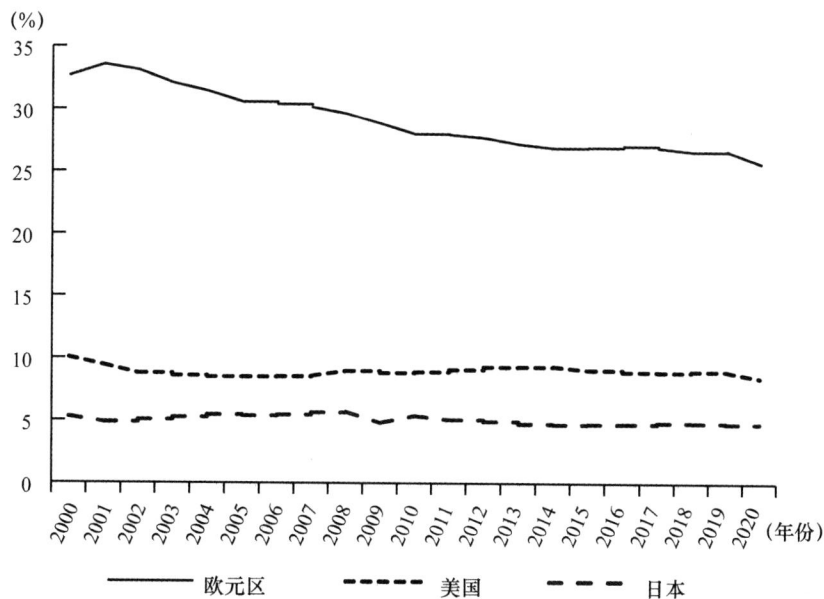

图 1.8　部分发达经济体地区出口份额

资料来源：根据荷兰经济政策分析局世界贸易监测数据计算。

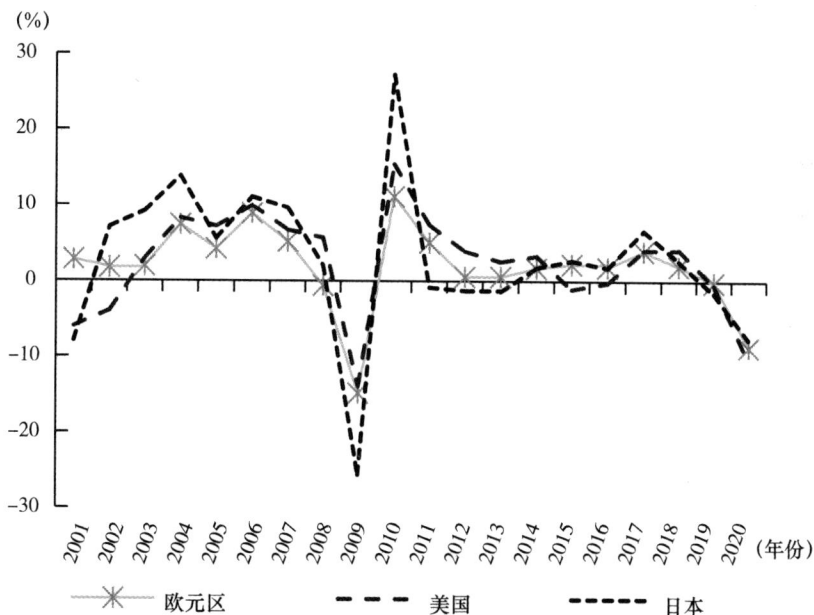

图 1.9　部分发达经济体地区出口增速

资料来源：根据荷兰经济政策分析局世界贸易监测数据计算。

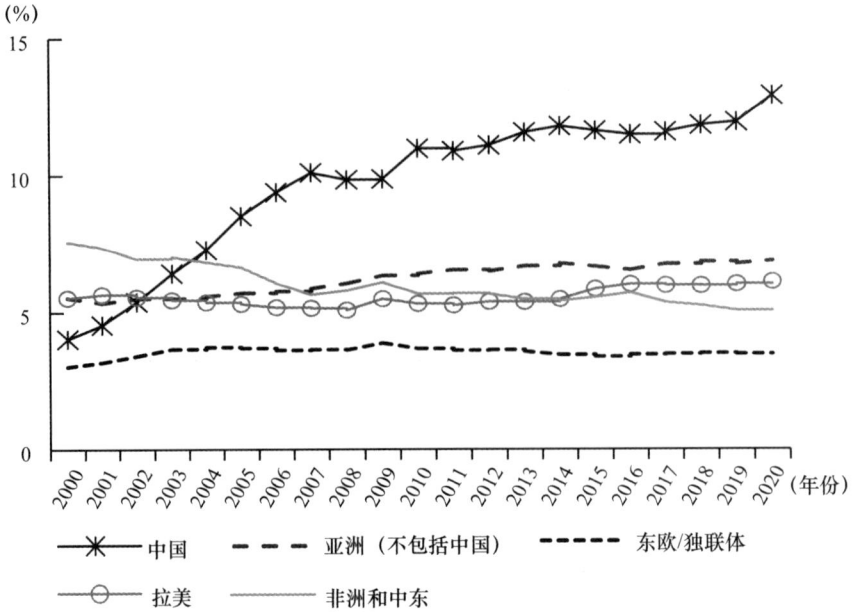

图 1.10 部分新兴经济体地区出口份额

资料来源：根据荷兰经济政策分析局世界贸易监测数据计算。

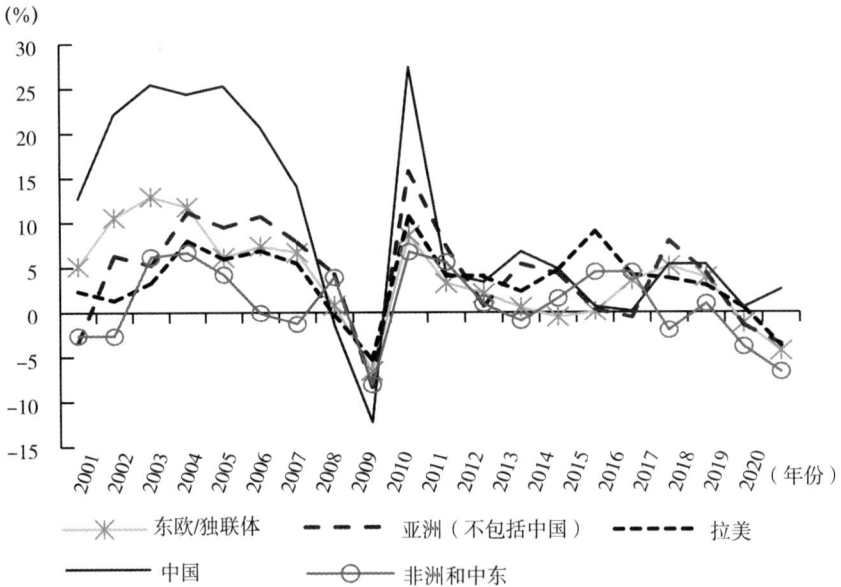

图 1.11 部分新兴经济体地区出口增速

资料来源：根据荷兰经济政策分析局世界贸易监测数据计算。

表1.1　　　　　　　部分经济体近5年进口、出口实际增速　　　　（单位：%）

		2015年	2016年	2017年	2018年	2019年	2020年
世界进出口合计		1.8	1.4	4.9	3.5	-0.4	-5.3
世界进口合计		1.5	1.5	5.3	3.9	-0.4	-5.5
发达经济体		3.3	1.9	4.2	2.7	-0.1	-5.7
发达经济体	欧元区	3.6	2.5	3.6	2.1	-0.1	-8.2
	美国	6.2	0.6	4.0	5.2	-0.3	-4.1
	日本	0.2	-0.1	3.0	3.1	0.9	-6.4
	亚洲发达经济体（不包括日本）	1.4	0.1	6.8	3.9	-2.1	0
	其他发达经济体	2.8	3.5	4.0	0.5	0.8	-6.5
新兴经济体		-2.5	0.7	8.0	6.7	-1.0	-5.1
新兴经济体	中国	-1.9	3.7	9.2	6.9	-0.6	3.4
	亚洲新兴经济体（不包括中国）	-0.5	3.9	13.4	10.9	-3.0	-11.3
	东欧/独联体	-22.1	4.2	12.0	1.7	4.7	-10.5
	拉美	-1.2	-2.6	6.5	4.7	-1.5	-11.4
	非洲和中东	2.0	-7.4	-3.0	3.7	-0.4	-4.0
世界出口合计		2.1	1.3	4.5	3.1	-0.4	-5.1
发达经济体		1.8	1.1	4.5	2.7	-0.2	-6.7
发达经济体	欧元区	2.2	1.8	3.9	2.0	-0.2	-8.7
	美国	-1.1	-0.2	4.1	4.2	-0.5	-10.5
	日本	2.7	1.8	6.6	2.6	-1.6	-7.7
	亚洲发达经济体（不包括日本）	0.7	0.8	6.9	3.3	-1.7	2.0
	其他发达经济体	3.5	0.8	3.6	2.8	1.2	-6.5
新兴经济体		2.5	1.8	4.3	3.9	-0.8	-2.0
新兴经济体	中国	0.6	0.1	5.4	5.3	0.5	2.6
	亚洲新兴经济体（不包括中国）	0.3	-0.6	8.0	4.4	-1.5	-3.6
	东欧/独联体	0.1	3.5	5.1	3.9	-1.3	-4.4
	拉美	9.0	4.2	3.8	3.0	0.5	-3.8
	非洲和中东	4.5	4.5	-2.0	1.0	-3.9	-6.7

资料来源：根据荷兰经济政策分析局世界贸易监测数据计算。

2. 发达经济体

分国家类型看贸易结构变化，发达国家一直占全球贸易的大头，但 2000 年以来发达国家商品进出口贸易占比在持续下降，从 2000 年前后的 77.3% 下降到 2020 年的 67.4%。

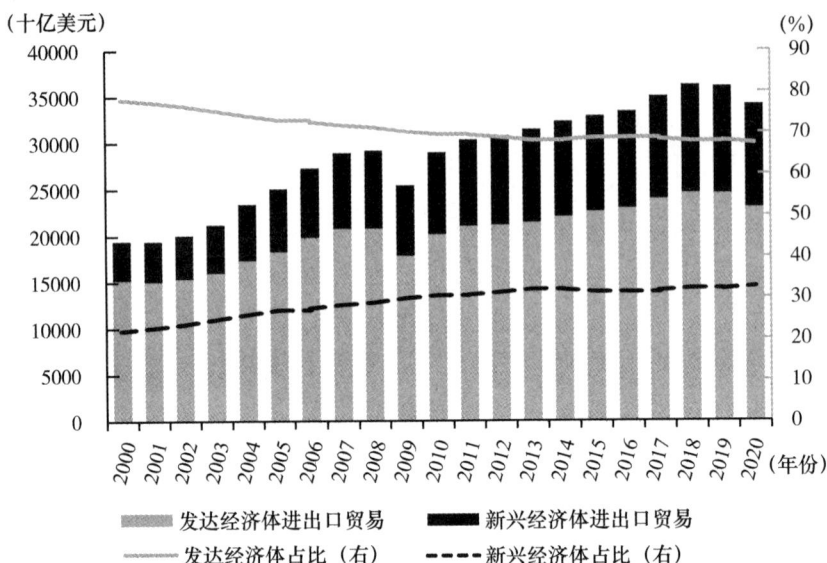

（十亿美元）

发达经济体进出口贸易　新兴经济体进出口贸易
发达经济体占比（右）　新兴经济体占比（右）

图 1.12　发达国家与发展中国家贸易额及占比

资料来源：根据荷兰经济政策分析局世界贸易监测数据计算。

发达国家贸易规模也随全球贸易形势一样，在一波三折中前进，其增速变化与新兴经济体不同：在繁荣时期，其增速要小于新兴经济体；在衰退时期，其降幅要大于新兴经济体；对全球宏观环境反应呈非对称性变化。

从发达国家贸易平衡看，2000 年以来呈倒"N"形变化：2000—2005 年，发达国家贸易平衡逐渐朝赤字扩张方向进展；2006—2013 年，发达国家的贸易赤字开始收缩；2013 年后又开始朝着扩张方向进展；即使在 2018 年贸易保护冲击之下，这种朝着赤字方向改变的趋势仍然在继续；2020 年，新冠肺炎疫情冲击加剧了这一趋势。

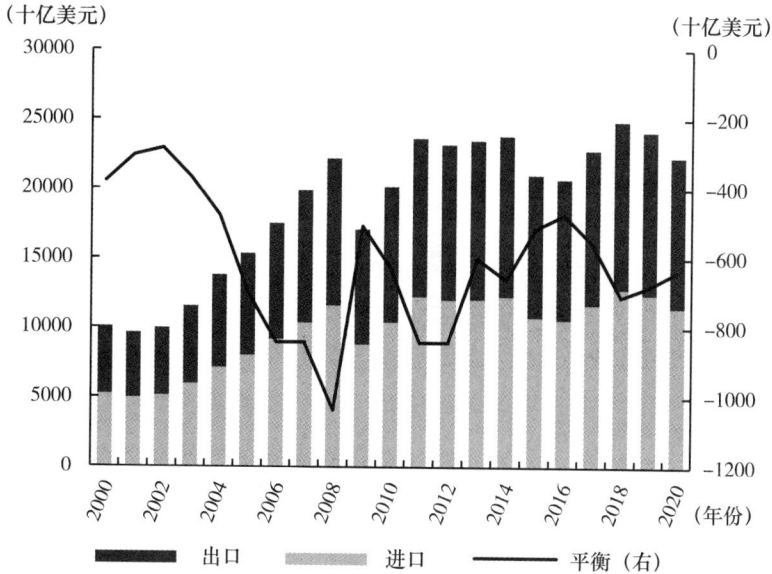

图 1.13　发达国家名义贸易水平

资料来源：根据荷兰经济政策分析局世界贸易监测数据计算。

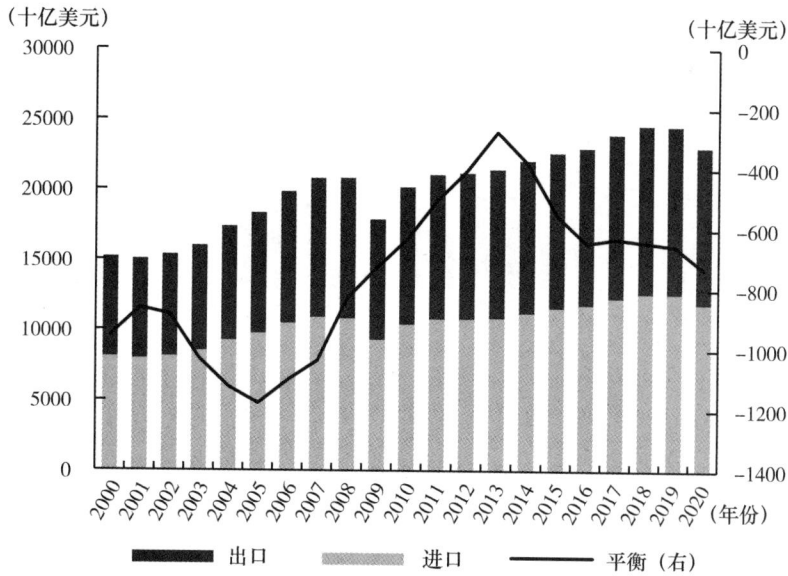

图 1.14　发达国家实际贸易水平

资料来源：根据荷兰经济政策分析局世界贸易监测数据计算。

（十亿美元）

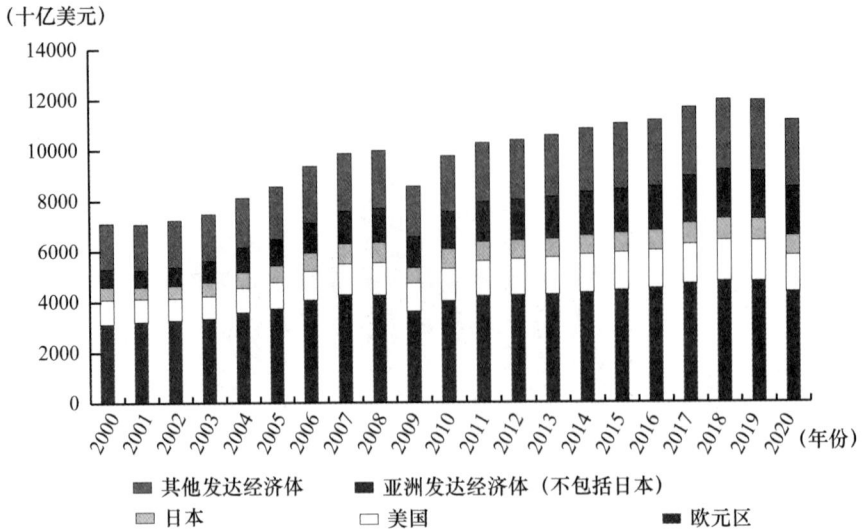

图 1.15　发达国家实际出口结构

资料来源：根据荷兰经济政策分析局世界贸易监测数据计算。

（十亿美元）

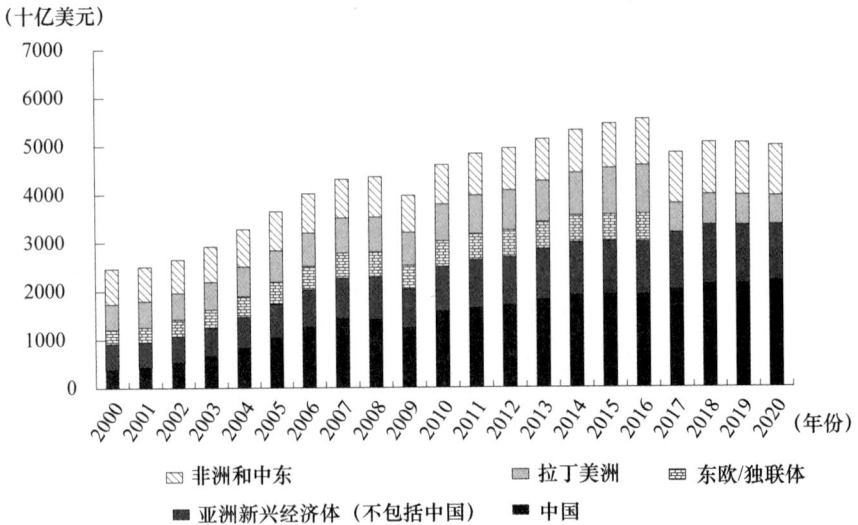

图 1.16　新兴国家实际出口结构

资料来源：根据荷兰经济政策分析局世界贸易监测数据计算。

在发达经济体内部，欧元区、美国是贡献该板块最大的两个一体化区域，但 2000 年以来欧元区的贡献在逐渐下降，从

2002 年的 45.4% 下降到 2020 年的 39.1%。美国和日本的贡献保持相对稳定，而亚洲发达经济体的贡献在明显上升。

3. 新兴经济体

2000 年以来新兴国家进出口贸易占比从 22% 上升到 32.6%，贸易规模也较大幅度地扩张，实际贸易平衡呈 "W" 形变动：2000—2013 年，新兴国家贸易盈余持续收缩；2013—2015 年，又开始呈上升趋势；2016—2018 年，又开始收缩；新冠肺炎疫情冲击下盈余再次扩张。

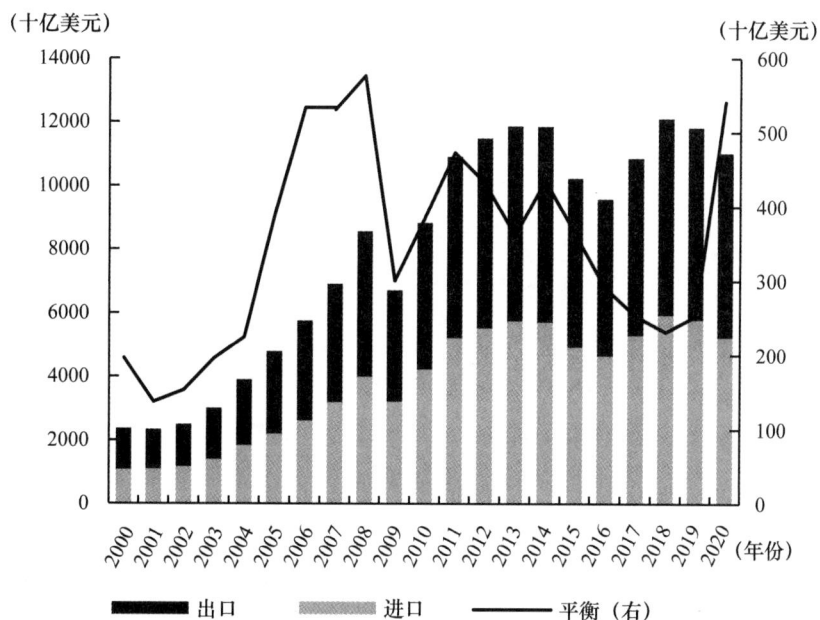

图 1.17　新兴国家名义贸易水平

资料来源：根据荷兰经济政策分析局世界贸易监测数据计算。

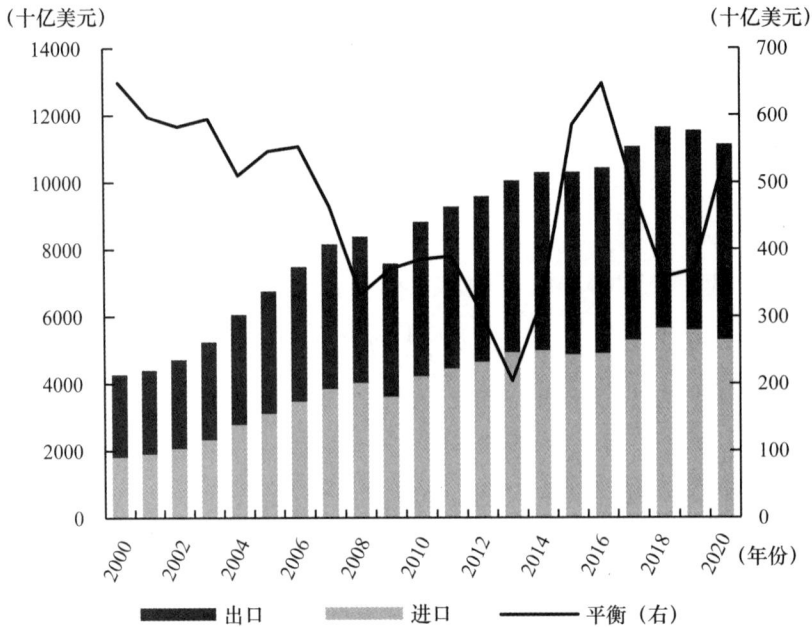

图 1.18　新兴国家实际贸易水平

资料来源：根据荷兰经济政策分析局世界贸易监测数据计算。

从新兴国家贸易结构看，中国是该地区的重要贡献者，而且自 2000 年以来中国的贸易贡献比重在持续上升，从 2000 年的 15.7% 急速上升到 2007 年的 33.2%，2008 年国际金融危机之后至 2019 年间基本维持在 35% 左右。新冠肺炎疫情冲击之下中国的比重反而得到提升，这与中国在疫情中积极稳步推进"复工复产"措施密切相关，使中国能及时为抗击全球新冠肺炎疫情提供物资保障，降低了全球经济波动的风险。在新兴经济体中，2000 年以来中东和非洲地区的贸易占比呈持续下降趋势，从 2000 年的 30% 下降到 2020 年的 14.5%。其余地区贸易占比保持相对稳定的态势。

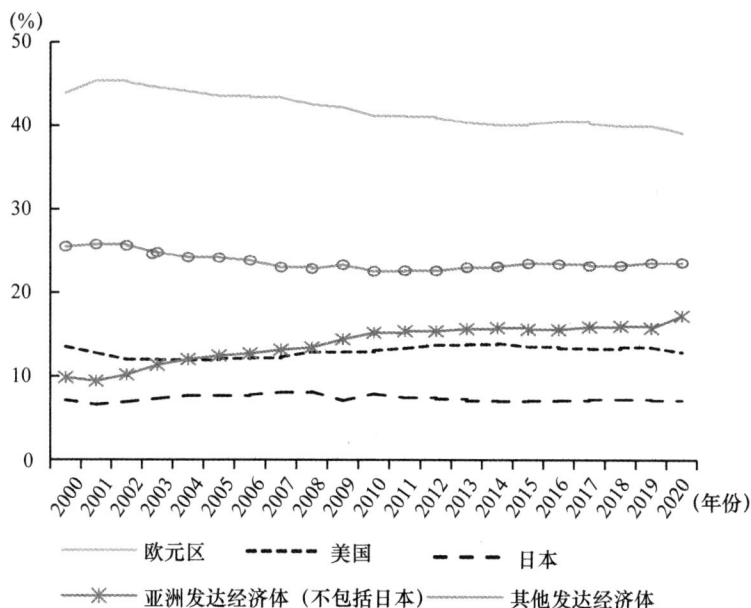

图 1.19　发达国家实际出口构成

资料来源：根据荷兰经济政策分析局世界贸易监测数据计算。

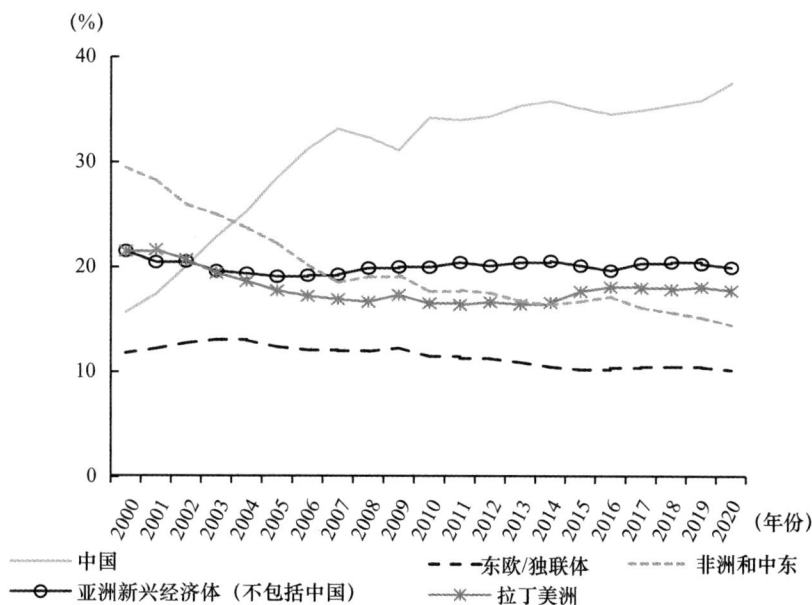

图 1.20　新兴国家实际出口构成

资料来源：根据荷兰经济政策分析局世界贸易监测数据计算。

4. 疫情相关物资的商品贸易分析

按照 WTO 相关划分,[1] 将 COVID – 19 相关的产品贸易划分为药品、医疗用品、医疗设备、个人防护用品。根据 WTO 提供的 HS 六位码计算,全球 COVID – 19 物资出(进)口结构及比重如图 1.21 至图 1.24 所示。

从疫情物资占全球货物出(进)口比重看,过去 20 年,由于各国对医疗健康的重视程度不断提升,该项物资贸易比重也呈上升趋势。以 2020 年疫情作为拐点观察发现,根据 WTO 相关文件推算,[2] 2020 年出(进)口比重提升幅度更大,出口比重从 2019 年的 5.3% 提升至 2020 年的 6.8%,进口比重从 2019 年的 5.4% 提升到 2020 年的 6.2%。

从疫情物资贸易结构看,药品贸易比重最高,在进出口中均超过 50%;其余物资中医疗设备、医疗用品贸易比重较高,二者比重均为 17%—20%;贸易比重最低的是个人防护用品。由于各国尚未发布详细的 2020 年全年 HS 六位码数据,根据 WTO 相关文件推算,[3] 2020 年进口比重上升明显的是药品和医疗设备,其中药品进口比重从 2019 年的 55.1% 上升至 2020 年的 60.1%,医疗设备进口比重从 2019 年的 14.3% 上升到 2020 年的 22.0%。

---

[1]　WTO,"Trade in Medical Goods in the Context of Tackling COVID – 19:Developments in the First Half of 2020",22 December 2020,https://www.wto.org/english/tratop_e/covid19_e/medical_goods_update_e.pdf.

[2]　WTO,"Trade in Medical Goods in the Context of Tackling COVID – 19:Developments in the First Half of 2020",22 December 2020,https://www.wto.org/english/tratop_e/covid19_e/medical_goods_update_e.pdf.

[3]　WTO,"Trade in Medical Goods in the Context of Tackling COVID – 19:Developments in the First Half of 2020",22 December 2020,https://www.wto.org/english/tratop_e/covid19_e/medical_goods_update_e.pdf.

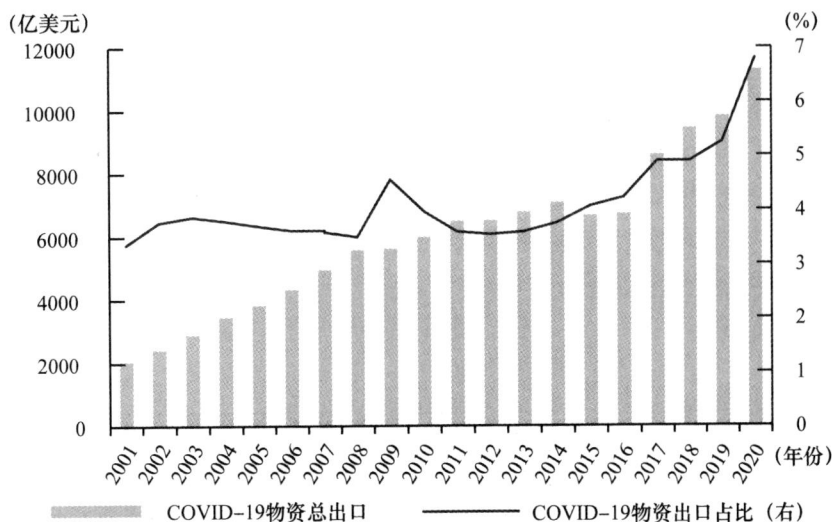

图 1.21 COVID - 19 物资出口比重

资料来源：根据 UN Comtrade、WTO 对 COVID - 19 物资的分类计算，由于 UN Comtrade 没有 2020 年全球各国 HS 细分类统计数据，2020 年 COVID - 19 物资数据是以 WTO 对上半年各项指标增速数据为基础估计。

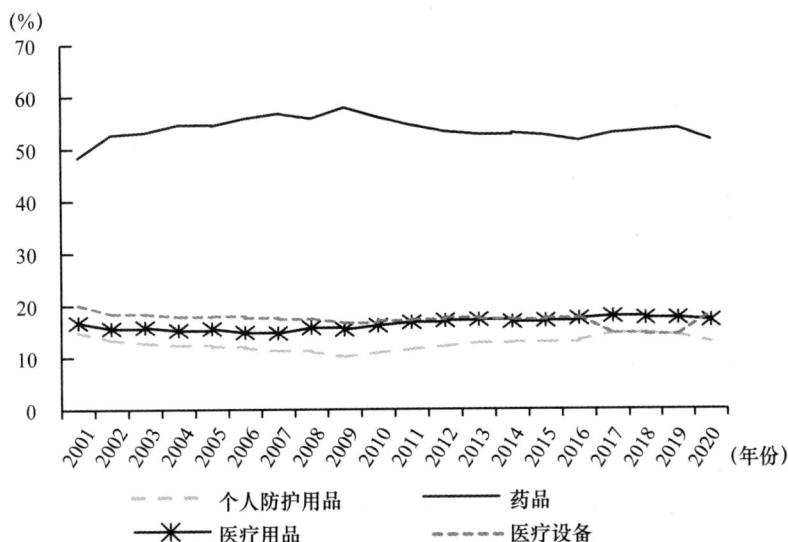

图 1.22 COVID - 19 物资出口结构

资料来源：根据 UN Comtrade、WTO 对 COVID - 19 物资的分类计算，由于 UN Comtrade 没有 2020 年全球各国 HS 细分类统计数据，2020 年 COVID - 19 物资数据是以 WTO 对上半年各项指标增速数据为基础估计。

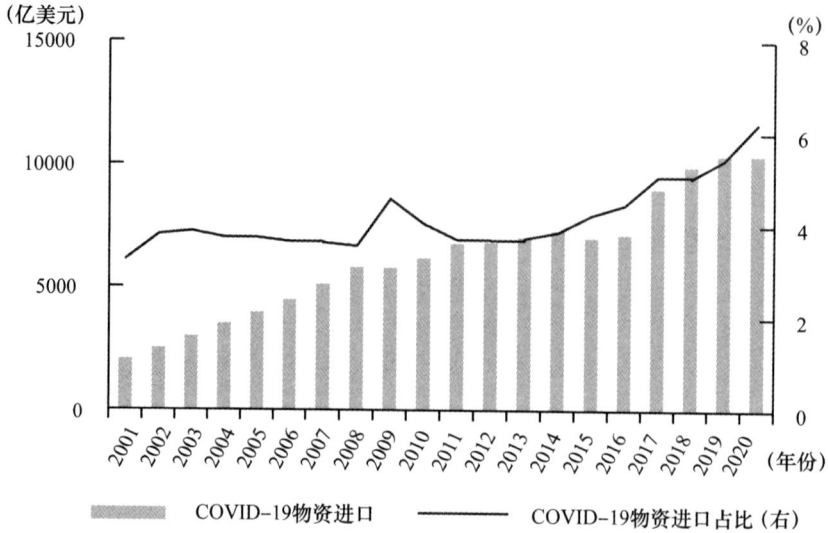

图 1.23 COVID – 19 物资进口比重

资料来源：根据 UN Comtrade、WTO 对 COVID – 19 物资的分类计算，由于 UN Comtrade 没有 2020 年全球各国 HS 细分类统计数据，2020 年 COVID – 19 物资数据是以 WTO 对上半年各项指标增速数据为基础估计。

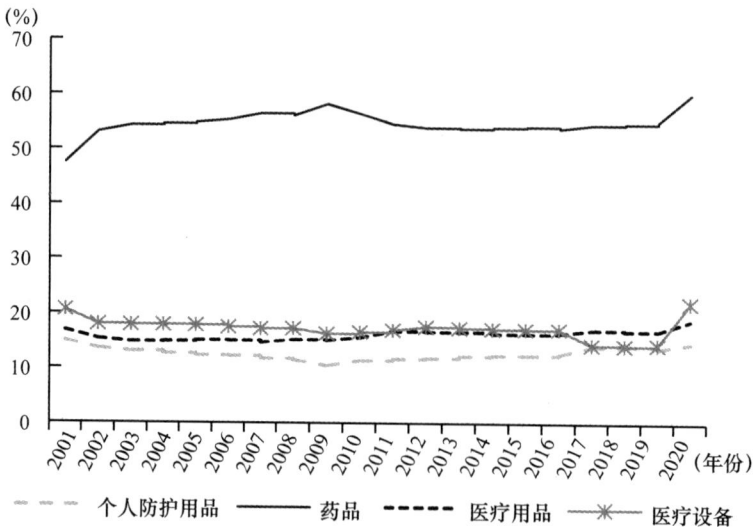

图 1.24 COVID – 19 物资进口结构

资料来源：根据 UN Comtrade、WTO 对 COVID – 19 物资的分类计算，由于 UN Comtrade 没有 2020 年全球各国 HS 细分类统计数据，2020 年 COVID – 19 物资数据是以 WTO 对上半年各项指标增速数据为基础估计。

中国是 COVID - 19 物资重要的贸易国,根据 WTO 统计,2019 年上半年中国该类物资占全球贸易的比重为 12.0%,2020 年上半年则上升为 28.9%,位居全球第一,而进口比重"不升反降",从 2019 年的 6.8% 降到 2020 年的 6.2%。中国 COVID - 19 物资的贸易占比与结构如图 1.25 至图 1.28 所示,根据推算,2020 年该项产品的出口比重将从 2019 年的 2.1% 上升到 6.2%,该类产品进口占总进口的比重上升不大,从 2019 年的 3.1% 上升到 2020 年 3.8%。由于中国目前尚未公布 2020 年 HS 六位码贸易数据,尚不知道 2020 年这类产品贸易结构。

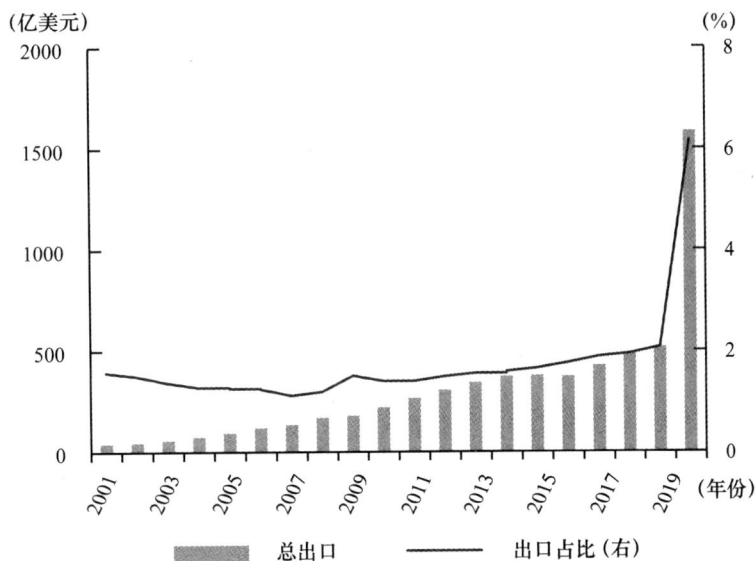

图 1.25　COVID - 19 物资出口比重

资料来源:根据 UN Comtrade、WTO 对 COVID - 19 物资的分类计算,由于 UN Comtrade 没有 2020 年全球各国 HS 细分类统计数据,2020 年 COVID - 19 物资数据是以 WTO 对上半年各项指标增速数据为基础估计。

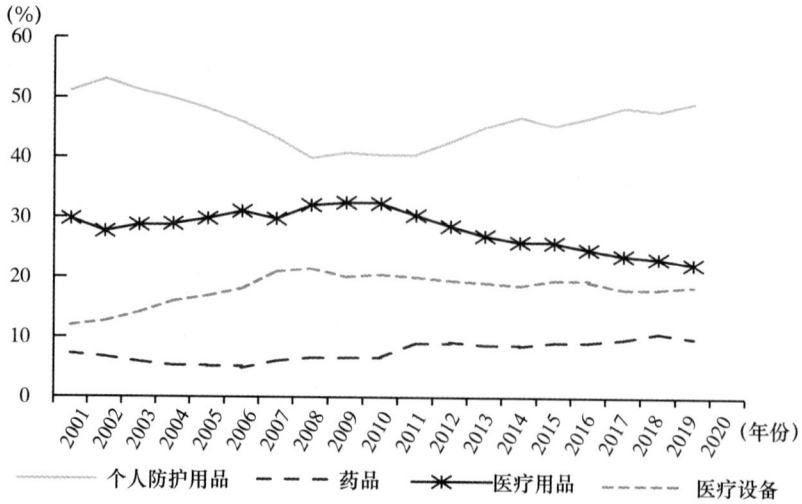

图 1.26   COVID - 19 物资出口结构

资料来源：根据 UN Comtrade、WTO 对 COVID - 19 物资的分类计算，由于 UN Comtrade 没有 2020 年全球各国 HS 细分类统计数据，2020 年 COVID - 19 物资数据是以 WTO 对上半年各项指标增速数据为基础估计。

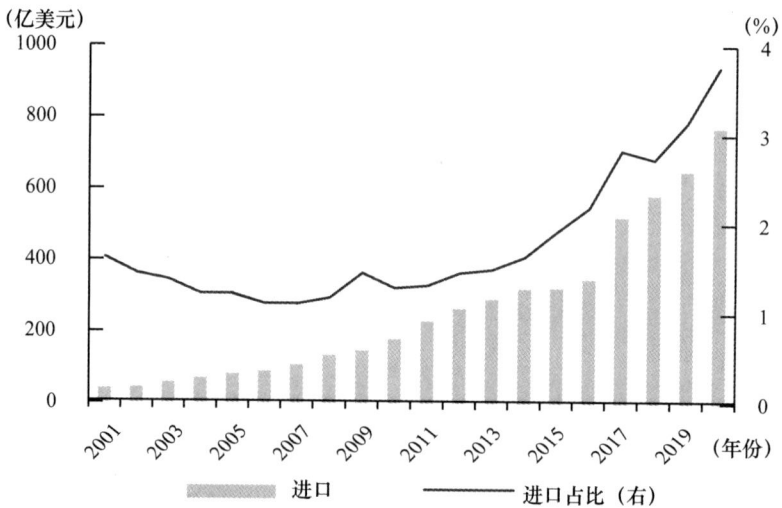

图 1.27   COVID - 19 物资进口比重

资料来源：根据 UN Comtrade、WTO 对 COVID - 19 物资的分类计算，由于 UN Comtrade 没有 2020 年全球各国 HS 细分类统计数据，2020 年 COVID - 19 物资数据是以 WTO 对上半年各项指标增速数据为基础估计。

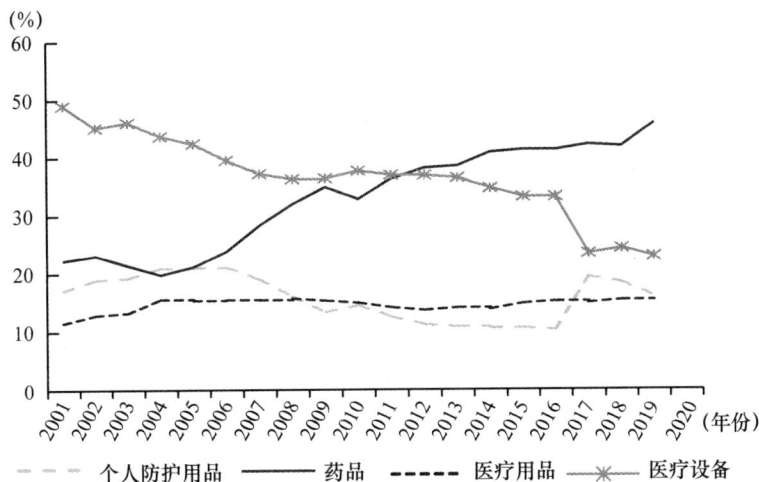

图 1.28 COVID-19 物资进口结构

资料来源：根据 UN Comtrade、WTO 对 COVID-19 物资的分类计算，由于 UN Comtrade 没有 2020 年全球各国 HS 细分类统计数据，2020 年 COVID-19 物资数据是以 WTO 对上半年各项指标增速数据为基础估计。

（二）中国贸易形势分析

2020 年中国的外贸形势也好于预期。2020 年，中国出口增长 3.6%，进口下降 1.1%，比 2019 年外贸表现还要好。中国外贸恢复与世界贸易同步，从 2020 年 6 月开始，中国出口保持正增长，2020 年第四季度的出口增速甚至超过 10%。从国别来看，中国与主要贸易伙伴的贸易表现都很好。中国对美国出口和进口分别增长 7.9% 和 9.8%，对东盟出口和进口分别增长 6.7% 和 6.6%，对欧盟出口和进口分别增长 6.7% 和 2.3%。从出口商品来看，与疫情相关的商品出口较好，推升了整体出口，比如医药品，纺纱、织物、制成品及有关产品，通用工业机械设备及零件，办公用机械及自动数据处理设备，电力机械、器具及其电气零件等。

尽管中国贸易总体表现不错，但新冠肺炎疫情仍然对中国贸易造成了严重冲击，相比之下，比外国受冲击的程度更轻、严重态势所持续的时间更短。2020 年 2 月，中国正式开启疫情下的严防严控阶段，此时停工停产较大程度上影响了中国的外贸，但国内外疫情发展不同步以及防控措施的差异，使中国在疫情早期受到的影响较大，而在全球大流行后所受的影响相对较小，这是因为中国积极推出复工复产措施以及严防严控措施，使中国外贸产能在危机中得以快速恢复。此外，中国在劳动密集型产业方面有鲜明的比较优势，从而能在疫情之下保持全球领先的防护物资生产能力和贸易能力。2020 年 6 月以后，全球疫情大流行，而中国国内疫情已得到良好控制，此后中国的进口和出口开始呈"双升"转变。

2000 年以来，如果将中国对外贸易的国家分为四大板块：中国与"一带一路"沿线国家的双边贸易比重在持续上升，从 2000 年进出口贸易占比约 15% 提升到 2020 年的 30% 左右。而在"一带一路"沿线国家中，东盟 10 国的贸易贡献最大，2000 年以来呈"先降后升"的趋势，2000—2008 年呈下降趋势，2008—2013 年维持在"一带一路"沿线国家的 40% 左右，而 2013 年后又开始呈上升趋势，2020 年中国对东盟十国的双边贸

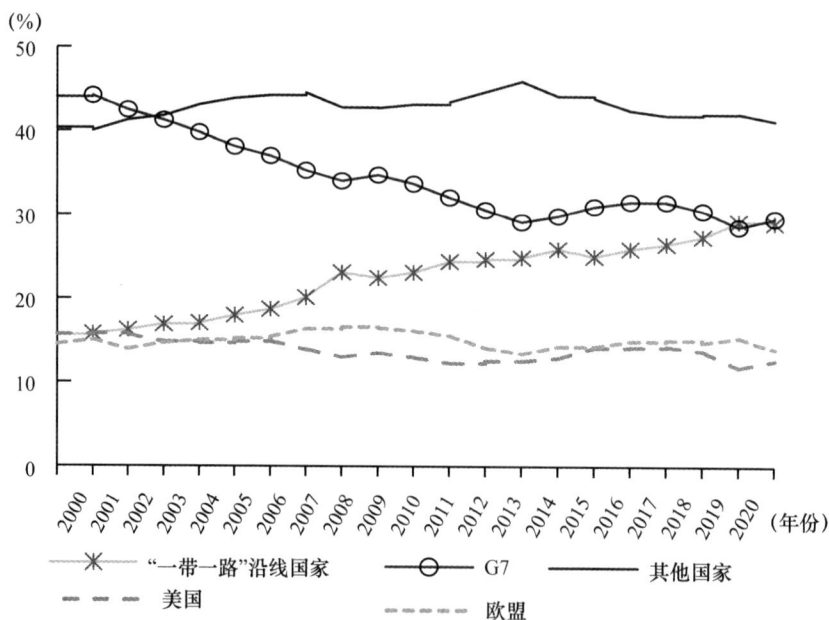

图 1.29　中国进出口贸易国别结构

资料来源：中国海关总署数据库。

易比重在"一带一路"沿线国家中占50.8%。中国与欧盟和美国的贸易比重呈微幅下降趋势，两者占比为12%—14%。

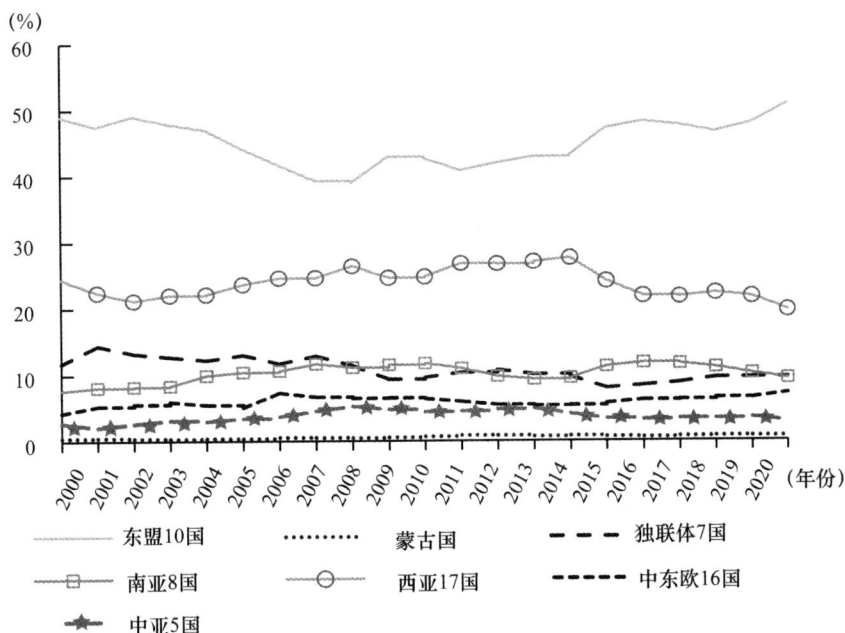

图1.30　中国与"一带一路"沿线国家进出口贸易

资料来源：中国海关总署数据库。

单独将G7作为群组分析贸易结构占比，发现该群组与中国的双边贸易比重在持续下降，从2000年的44%下降到了2020年的29.6%。研究G7内部与中国双边贸易的比重变化发现，G7作为整体与中国贸易比重下降的主要原因在于日本与华双边贸易的下降，从2000年的40%下降到了2020年的23.1%。中国与美国的贸易尽管出现种种波折，但长期来看还是呈趋势性上升的，2019年美国在G7对华贸易中比重下降的原因是受保护主义冲击，但在2020年的新冠肺炎疫情之下，中国对美国贸易的重要性再次体现，2020年美国贸易占比在G7中的比重从2019年的41%提升到了42.6%。德国在G7对华贸易占比中位居第三，2000年以来略有上升趋势，从2000年的9.4%上升到了2020年的14.4%。

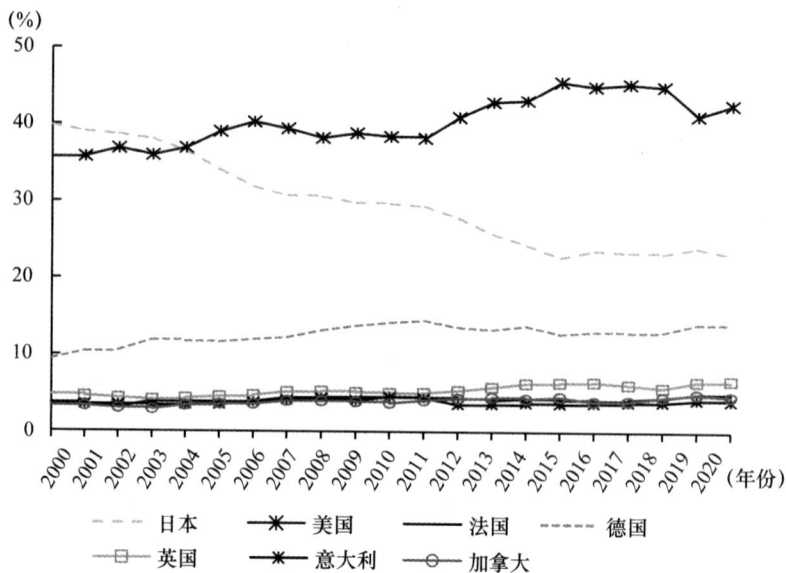

图 1.31　G7 对华贸易的内部国别结构

资料来源：中国海关总署数据库。

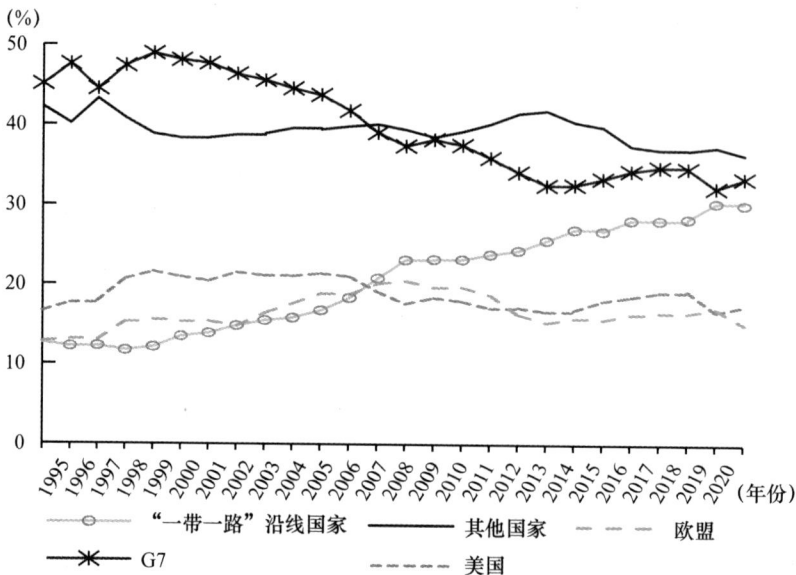

图 1.32　中国贸易的国别结构

资料来源：中国海关总署数据库。

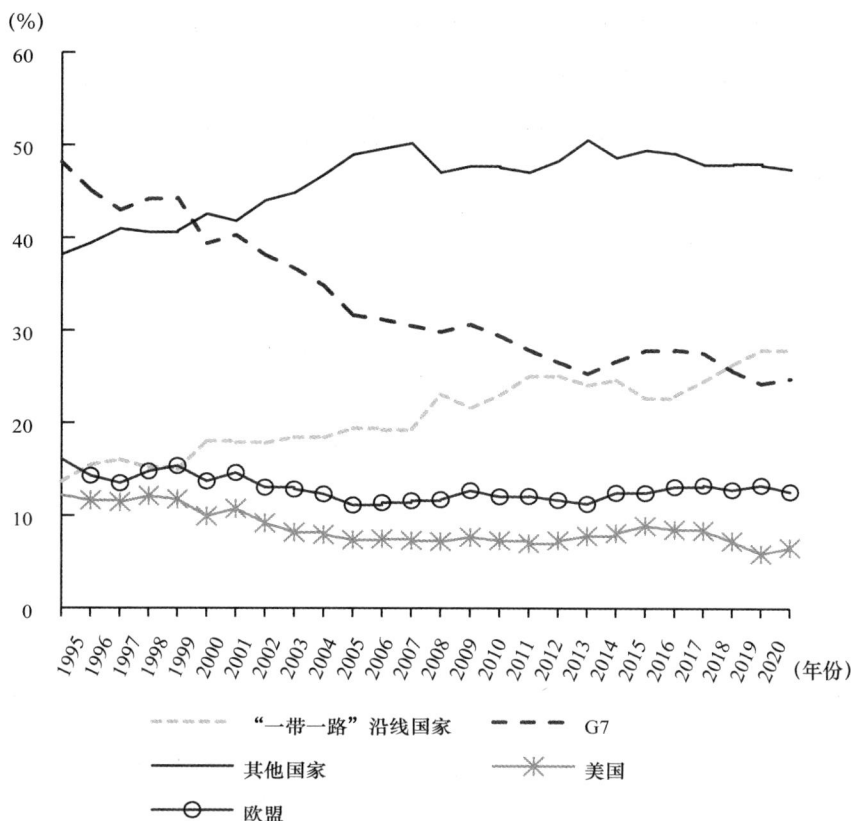

图 1.33　中国进口贸易的国别结构

资料来源：中国海关总署数据库。

中国商品贸易结构的集中度很鲜明：一是出口贸易集中在第十六类机电、音像设备及其零件、附件和第十一类纺织原料及纺织制品两种类型，2000 年这两类比重呈相反方向调整，2004 年以前机电产品比重持续上升，2005—2014 年保持在 40%—44%，2015 年又开始呈微幅上升趋势。而纺织品比重则从 2000 年的 19.8% 持续下降到 2020 年的 10.8%。其余各类产品出口比重变化相对不明显。二是进口贸易集中在第十六类机电、音像设备及其零件、附件和第五类矿产品两种类型，2002 年以来对机电产品的进口比重呈"先降后升"的趋势，2014 年占比为 30.8%，2020 年上升到 36%。矿产品的进口比重呈趋势性上升，与大宗商品价格全球波动走势密切相关。疫情前的经济增长阶段，大宗商品价格上涨也会体现在中国的该类产品进口比重之中，最明显的是在 2014 年以后，该比重与全球大宗商品价格下跌趋势相同。

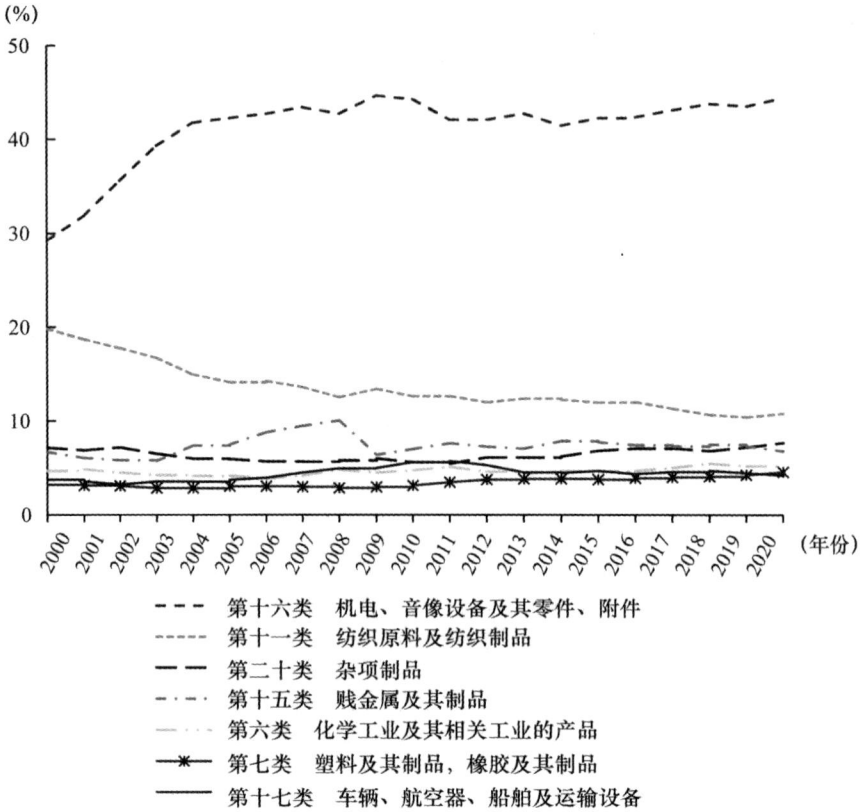

图 1.34　中国商品出口贸易结构

资料来源：中国海关总署数据库。

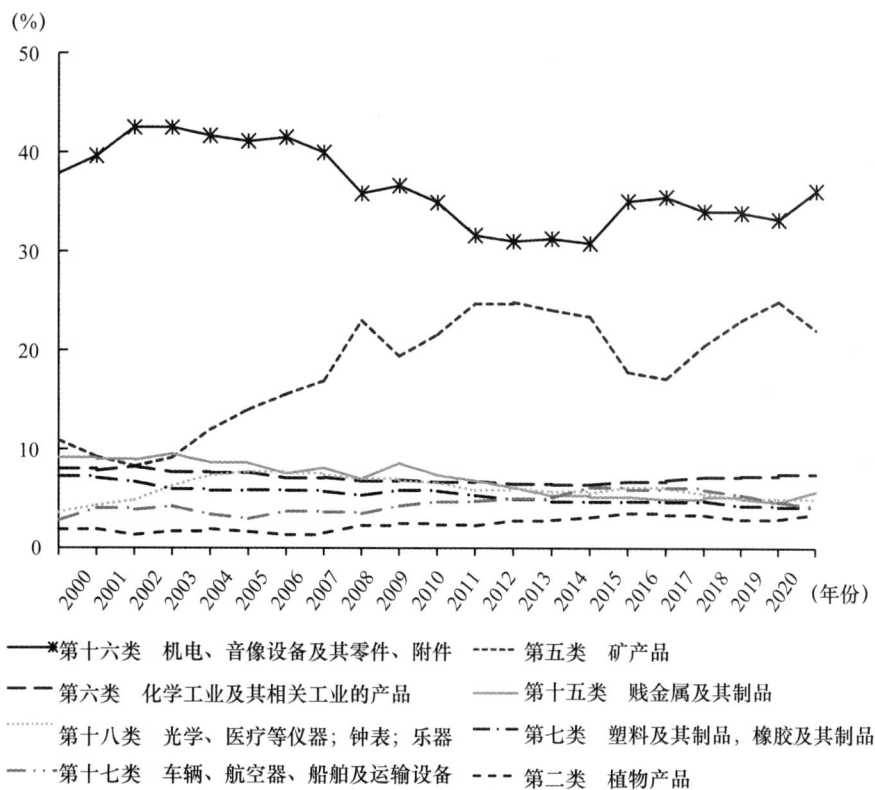

图 1.35 中国商品进口贸易结构

资料来源：中国海关总署数据库。

2021 年 1—2 月，中国外贸出口增长 60.6%，进口增长 22.2%。2020 年 2 月出口基数低（803.8 亿美元），使得 2021 年 2 月出口增速高达 154.9%。

2021 年第一季度出口贸易表现卓越，中国货物贸易进出口总值 8.47 万亿元，比 2020 年同期增长 29.2%。其中，出口 4.61 万亿元，增长 38.7%；进口 3.86 万亿元，增长 19.3%；贸易顺差 7592.9 亿元，扩大 690.6%。具体有以下特点。

一是一般贸易进出口比重提升。2021 年第一季度，中国一般贸易进出口 5.19 万亿元，增长 32%，占中国外贸总值的 61.2%，比 2020 年同期提升 1.3 个百分点；其中，出口 2.79 万亿元，增长 43.4%；进口 2.4 万亿元，增长 20.8%。同期，加工贸易进出口 1.91 万亿元，增长 22.5%，占中国外贸总值的 22.6%。

二是与主要贸易伙伴进出口保持增长。2021 年第一季度，东盟、欧盟、美国和日本为中国前四大贸易伙伴，分别进出口 1.24 万亿元、1.19 万亿元、1.08 万亿元和 5614.2 亿元，分别增长 26.1%、36.4%、61.3% 和 20.8%。此外，中国对"一带一路"沿线国家、RCEP 贸易伙伴进出口分别增长 21.4%、22.9%。

三是民营企业活力增强。2021 年第一季度，中国民营企业进出口 3.95 万亿元，增长 42.7%，占中国外贸总值的 46.7%，比 2020 年同期提升 4.4 个百分点，继续保持中国第一大外贸经营主体地位。其中，出口 2.55 万亿元，增长 50%；进口 1.4 万亿元，增长 31%。此外，外商投资企业进出口 3.19 万亿元，增长 22.7%，占中国外贸总值的 37.7%。国有企业进出口 1.28 万亿元，增长 11%，占中国外贸总值的 15.2%。

四是机电产品出口比重超 6 成。2021 年第一季度，中国出口机电产品 2.78 万亿元，增长 43%，占出口总值的 60.3%，较 2020 年同期提升 1.7 个百分点；其中，出口自动数据处理设备及其零部件、手机、汽车分别增长 54.5%、38.5%、98.9%。同期，防疫物资出口保持增长，包括口罩在内的纺织品出口增长 30.6%。

五是主要大宗商品进口量增加。2021 年第一季度，中国进口铁矿砂 2.83 亿吨，增加 8%；进口原油 1.39 亿吨，增加 9.5%；进口天然气 2938.8 万吨，增加 19.6%。同期，进口大豆 2117.8 万吨，增加 19%；进口玉米 672.7 万吨，增加 437.8%；进口小麦 292.5 万吨，增加 131.2%。

2021 年第一季度中国进出口贸易表现良好的原因有三点。

一是宽松政策刺激下全球经济加速恢复。疫情下大规模宽松的财政和货币政策刺激，使全球经济逐渐回暖。拜登政府新推出了史上最大的救援方案刺激经济，包括当前 1.9 万亿美元"美国救援计划"、2 万亿美元"基建计划"，以及未来陆续推出的数万亿环境、农村建设、制造业振兴等刺激计划。为配合财政政策实施，美联储也会大幅扩表。在大规模财政政策的刺激下，2021 年 3 月美国失业率已回落到 6%。

二是新冠肺炎疫情逐渐得到控制。2021 年以来全球疫苗注射比例逐渐提升，根据牛津大学"数据看世界"（Our World in Data）统计，截至 2021 年 4 月 10 日，全球共 7.73 亿人接种疫苗，包括亚洲 3.50 亿人、北美洲 2.05 亿人、欧洲 1.53 亿人。2021 年 4 月全球疫苗平均接种增速达 2.58%，假定疫苗能供应得上，如果全球人口以此增速接种疫苗，至 2021 年 7 月中旬将实现全球人口接种。

三是基数效应使增速表现亮眼。从 2020 年 2 月开始，中国出口受新冠肺炎疫情严重冲击，2 月之后全球其他国家开始受到严重冲击，因此造成中国 2020 年 2 月的出口基数较低，从而使 2021 年第一季度增速亮眼。

二 2021 年世界与中国贸易形势预测

（一）世界贸易形势预测

由于世界经济的恢复性增长、疫情稳定及疫苗普及、基数效应，预计 2021 年世界贸易将反弹，反弹力度取决于世界经济形势及疫情发展情况。做出上述判断的理由有三点。

第一，标志性国际贸易先行指数开始回暖，WTO 商品贸易晴雨表指数也预示强劲的贸易反弹。被视为经济晴雨表和国际贸易先行指标的波罗的海干散货指数（BDI）在 2020 年 10 月达到了近两年来最高值，2021 年第一季度继续平稳回升。代表着民生物资及谷物等大宗物资的巴拿马型运费指数

（BPI）增长更为显著，自 2020 年 8 月以来，连续 5 个月持续攀升，2021 年 2 月达到近 6 年来的最高值。这标志着民生物资和粮食的国际贸易进入上升通道，预计 2021 年下半年增长将进一步凸显。2021 年 2 月，好望角运费指数（BSI）陡增，焦煤、燃煤、铁矿砂、磷矿石、铝矾土等工业原料的国际贸易增长开始提速。

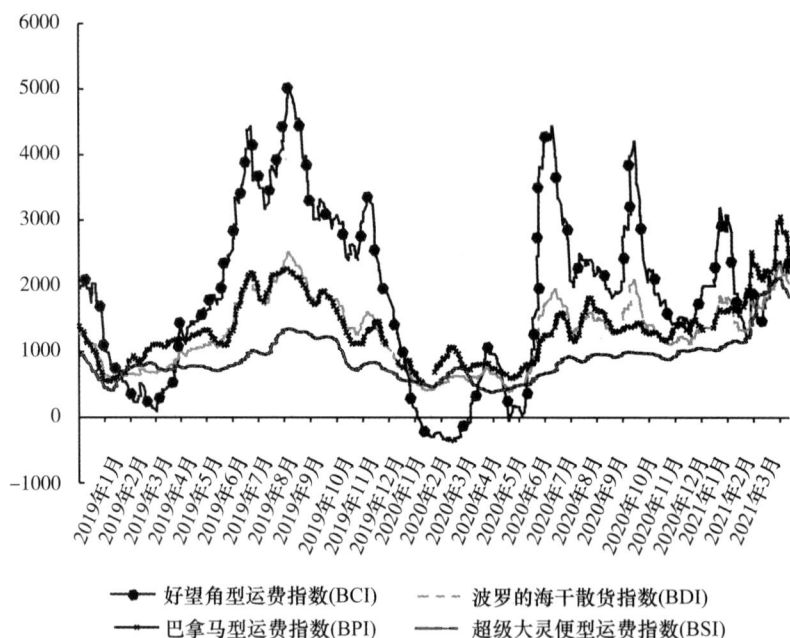

图 1.36　国际贸易先行指数

资料来源：Wind 资讯。

2021 年 2 月 18 日，WTO 发布的商品贸易晴雨表指数（Goods Trade Barometer）为 103.9，超过 100 的荣枯线，表明 2020 年第四季度以来，世界货物贸易已经从全球疫情引发的深度衰退中反弹，保持强劲增长。

第二，世界经济的逐步复苏有助于世界贸易的反弹。世界银行、IMF、经济合作与发展组织（OCED）、联合国等国际组织预测 2021 年、2022 年世界经济将逐步复苏。平均而言，四大组织预测 2021 年世界经济增长 5.0%，2022 年增长 3.9%（见表 1.2）。

第三，WTO 及各组织均预测 2021 年世界贸易将大幅反弹。结合 2009 年国际金融危机之后世界贸易的反弹，2021 年也会出现反弹。各组织的预测与此一致。各组织在对世界贸易形势进行预测时均考虑了各种因素。2020 年 10 月 6 日，WTO 预测 2020 年全球货物贸易下降 9.2%，2021 年将增长 7.2%。2021 年 3 月 31 日，WTO 发布的《贸易统计与展望》预测 2021 年全球货物贸易增长 8.0%。联合国经济和社会事务部（UN DESA）、IMF、世界银行均预计 2021 年世界贸易将大幅反弹。

表 1.2　　　　　　国际组织对 2021—2022 年经济的展望　　　　　（单位：%）

	World Bank	IMF	OECD	UN	平均值
报告名称	Global Economic Prospects	World Economic Outlook	Economic Outlook，Interim Report	World Economic Situation and Prospects	
发布时间	2021 年 1 月 5 日	2021 年 1 月 20 日	2021 年 3 月 21 日	2021 年 1 月 25 日	
2020 年	−4.3	−3.5	−3.4	−4.3	−3.9
2021 年（预测）	4.0	5.5	5.6	4.7	5.0
2022 年（预测）	3.8	4.2	4	3.4	3.9

资料来源：对应国际组织网站。

各组织均预计 2021 年世界经济增速反弹力度小于 2020 年下降幅度。作出这一判断的原因在于，各组织均认为 2020 年下降幅度较大，反弹力度跟不上。但是鉴于 2020 年世界贸易实际增速是 -5.1%，下降幅度好于预期，我们认为，2021 年世界贸易增速在 5% 左右，与下降幅度持平。5% 的世界贸易增速与各组织预测的 2021 年世界经济平均增速 5.0% 较为一致。这表明贸易弹性在 1 左右，与近十年来世界贸易的平均弹性大体吻合。当然，实际上的反弹力度存在不确定性，取决于世界经济恢复性增长的力度和疫情发展。

（二）中国贸易形势预测

世界贸易的反弹并不意味着中国 2021 年外贸形势要好于 2020 年。2020 年，中国出口增长 3.6%，但世界贸易下降 5.1%。2020 年中国出口占世界出口的份额是 14.3%，相比 2019 年的 13.2% 提高了 1.1 个百分点。在预计世界贸易增长 5% 的情况下，如果中国维持 2020 年的份额，出口将增长 4.6%；如果 2021 年中国外贸份额回归 2019 年的水平，则中国出口将下降 3%；如果份额是 2019 年和 2020 年的平均值，则中国出口将增长 0.8%。当然，如果世界贸易反弹力度更强，比如增长 8%，中国出口份额回归 2019 年的水平，中国出口仅下降 0.04%；如果中国出口份额是 2019 年和 2020 年的平均值，中国出口可以增长 3.7%；如果份额维持 2020 年水平，则中国出口增长 7.8%。总体而言，我们认为 2021 年中国出口份额虽然无法维持 2020 年的高水平，但是仍能维持大概 14% 的水平。在世界贸易增长 5% 的情况下，中国出口增速大概为 2.6%。

从中国出口自身来看，基数效应很重要。2020 年 2 月，中国出口额很低，这导致 2021 年 1—2 月出口增长 60.6%。在这种情况下，如果 2021 年 3—12 月出口额维持 2020 年同期的水平，那么中国 2021 年出口增速能达到 6.8%；即便中国出口在 3—12 月下降 5%，中国 2021 年出口依然能维持

2.4%的增长。

综上所述，仍然可以对2021年中国外贸形势保持乐观，中国出口能维持3%左右的增速。在更为乐观的情况下，增速甚至高于2020年。

第二章　中国国别贸易的构成[*]

2020 年，在新冠肺炎疫情的冲击下，全球贸易受到沉重打击，全球货物进出口贸易实际增速降至 -5.3%。发达国家降至 -5.7%，其中欧元区降至 -8.2%，日本降至 -6.4%，美国降至 -4.1%；新兴经济体降至 -5.1%，其中拉美地区降至 -11.4%，除中国以外的国家降至 -11.3%，独联体国家降至 -10.5%，非洲和中东地区降至 -4.0%。中国贸易在阴霾之中鹤立鸡群，是世界上为数不多的正增长国家，实际增速为 3.4%，与 2019 年相比不降反升。2020 年中国货物贸易向全世界交上了一份满意的答卷：进出口总值 32.16 万亿元，出口 17.93 万亿元，进口 14.23 万亿元，贸易顺差 3.7 万亿元。

本章重点从中国对外货物贸易的大洲分布、一体化区域、国别结构、"一带一路"沿线国家出发，研究中国货物贸易的国别构成，分析 2020 年以来新冠肺炎疫情对中国货物贸易国别结构的影响，并对未来国别货物贸易的潜在风险做出判断。

一　中国国别贸易的大洲分布

从中国对外贸易国别的大洲属性看，除南极洲之外，中国进出口贸易总额的大洲分布变化有如下规律：一是中国对外贸

---

[*] 本章作者为石先进。

易的一大半长期集中在亚洲地区，1995 年在亚洲的贸易占
60.5%。随着中国向全球其他地区拓展贸易，1995 年后中国对
亚洲贸易的比例开始逐渐降低，2020 年占全球贸易总额的
51.4%。二是欧洲是中国对外贸易的第二大区域，长期以来保
持相对稳定的趋势，1995 年比重占全球贸易的 18.1%，2020 年
占全球贸易的 19.5%。三是北美洲是中国对外贸易的第三大区
域，同样随着中国全球贸易伙伴的拓展，中国对该区域的贸易
比重在持续下降，从 1995 年的 16.0% 降至 2020 年的 14.0%。
四是拉美地区是中国对外贸易的第四大区域，1995 年以来对该
区域占比呈上升趋势，从 1995 年的 2.2% 上升至 2020 年的
6.8%。五是中国对外贸易比重最小的两个区域为非洲与大洋
洲，1995—2000 年以及 2017—2020 年，二者比重变化接近，
2001—2016 年非洲贸易略高于大洋洲贸易，如图 2.1 所示。

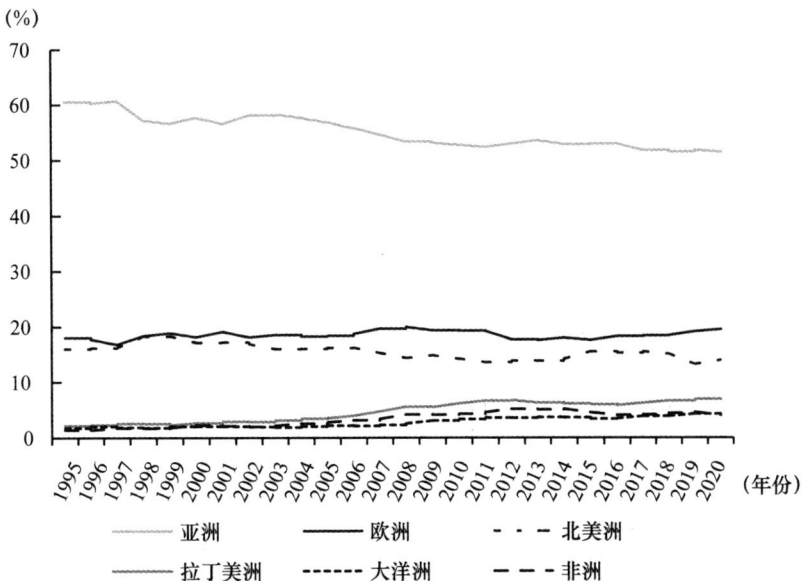

图 2.1　中国进出口贸易的大洲分布

资料来源：中国海关总署数据库。

　　观察 2020 年中国货物进出口的大洲分布如下：中国对亚洲的贸易总额为 23954 亿美元，占中国贸易总额的 51.4%；对欧洲的贸易总额为 9097 亿美元，占中国贸易总额的 19.5%；对北美洲的贸易总额为 6514 亿美元，占中国贸易总额的 14.0%；对拉美地区的贸易总额为 3168 亿美元，占中国贸易总额的 6.8%；对大洋洲的贸易总额为 1955 亿美元，占中国贸易总额的 4.2%；对非洲的贸易总额为 1872 亿美元，占中国贸易总额的 4.0%，如图 2.2 所示。

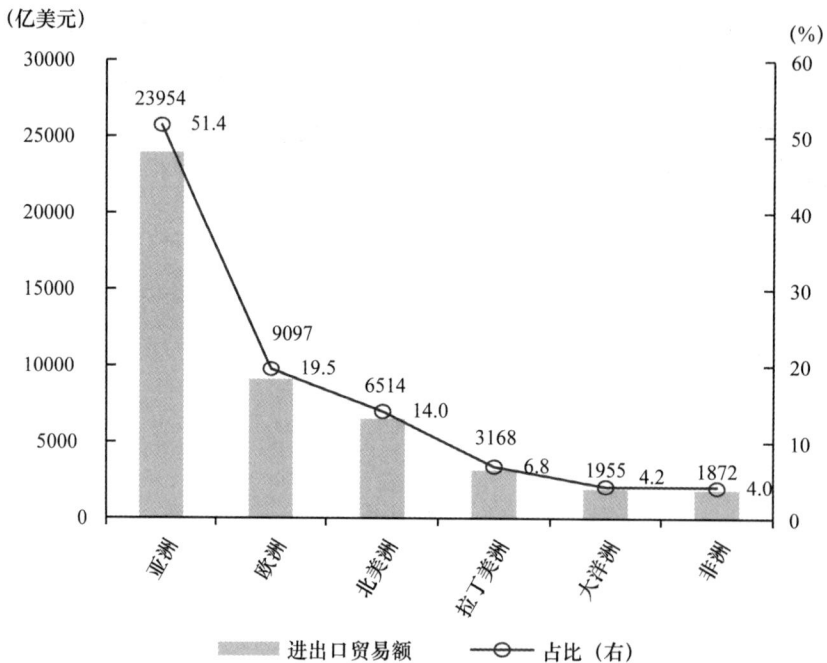

图2.2　2020 年中国货物进出口贸易的大洲分布

资料来源：中国海关总署数据库。

　　观察 2020 年与 2019 年中国贸易的大洲分布，有以下发现：一是除非洲以外，中国对其余大洲的贸易呈增长态势，增量最大的北美洲为 7.6%，其次欧洲占比 4.1%、亚洲 1.2%，对大洋洲和拉丁美洲增幅甚微。二是从占比结构变化看，与 2019 年相比，2020 年中国与北美洲和欧洲的贸易份额呈微幅上升，而与其余各地区的贸易份额呈微幅下降，北美洲上升了 0.7 个百分点，非洲下降了 0.6 个百分点，如表 2.1 所示。

表 2.1　　　　　　　　中国货物进出口贸易的大洲结构　　　（单位：亿美元，%）

	2020 年进出口贸易额	2019 年进出口贸易额	2020 年进出口增速	2020 年进出口占比	2019 年进出口占比	份额变化
亚洲	23954	23669	1.2	51.4	51.8	−0.4
欧洲	9097	8742	4.1	19.5	19.1	0.4
北美洲	6514	6054	7.6	14.0	13.3	0.7
拉丁美洲	3168	3166	0.06	6.8	6.9	−0.1
大洋洲	1955	1948	0.4	4.2	4.3	−0.1
非洲	1872	2083	−10.1	4.0	4.6	−0.6

资料来源：中国海关总署数据库。

从进口和出口贸易分别观察，有以下几点发现。

一是进口或出口贸易的大洲比重与总进出口贸易比重次序一致，如图 2.3、图 2.4、图 2.5 所示。二是除拉美地区外，中国 2020 年对其他大洲的出口比 2019 年均有不同程度上升，增幅最大的大洋洲为 11.6%，其次北美洲占比 8.7%、欧洲占比 7.9%。三是从出口结构变化看，中国对亚洲的出口份额下降最大，从 2019 年的 48.9% 降至 2020 年的 47.6%，降幅为 1.3 个百分点；对北美洲、欧洲出口份额略微上升 0.8 个百分点；对非洲和拉丁美洲也略微下降，如表 2.2 所示。四是进口占比降幅最大的是非洲，下降了 23.3%；其次是大洋洲，下降了 4.4%；欧洲下降了 1.0%；进口增幅较大的北美洲占比 4.3% 和拉丁美洲占比 4.0%，对亚洲进口增幅为 1.4%。五是进口份额下降最大的也是大洋洲，下降了 18.1%；增幅最大的是北美洲，上升了 4.8%；对拉丁美洲的进口增幅也上升了 4.5%，如表 2.3 所示。

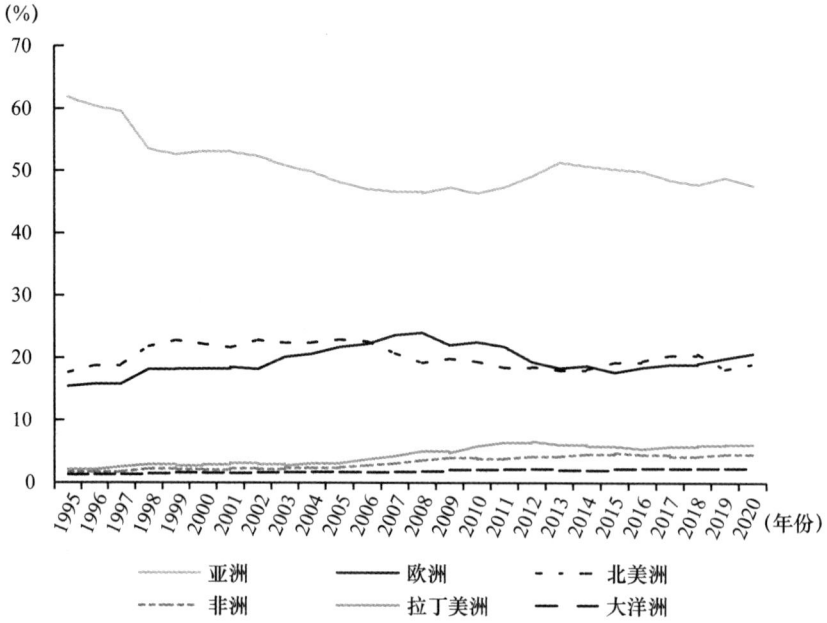

图 2.3 中国出口贸易的大洲分布

资料来源：中国海关总署数据库。

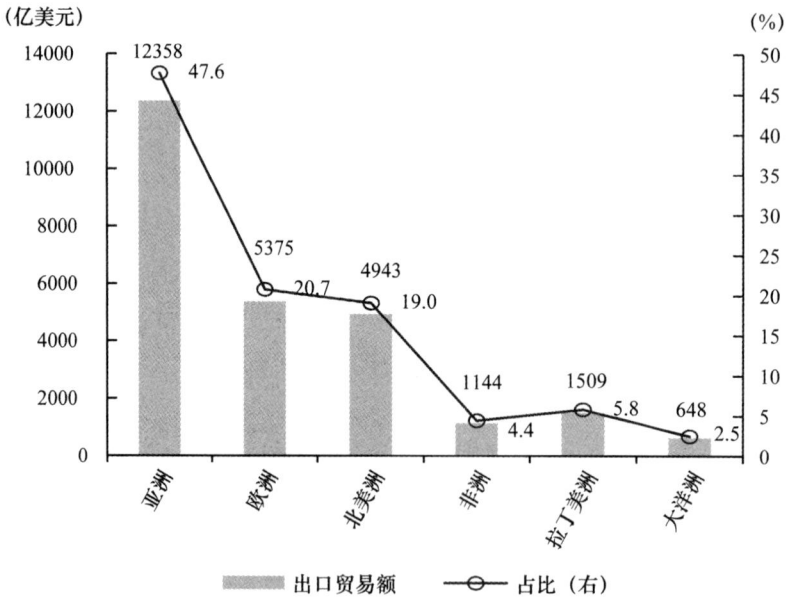

图 2.4 2020 年中国货物出口贸易的大洲分布

资料来源：中国海关总署数据库。

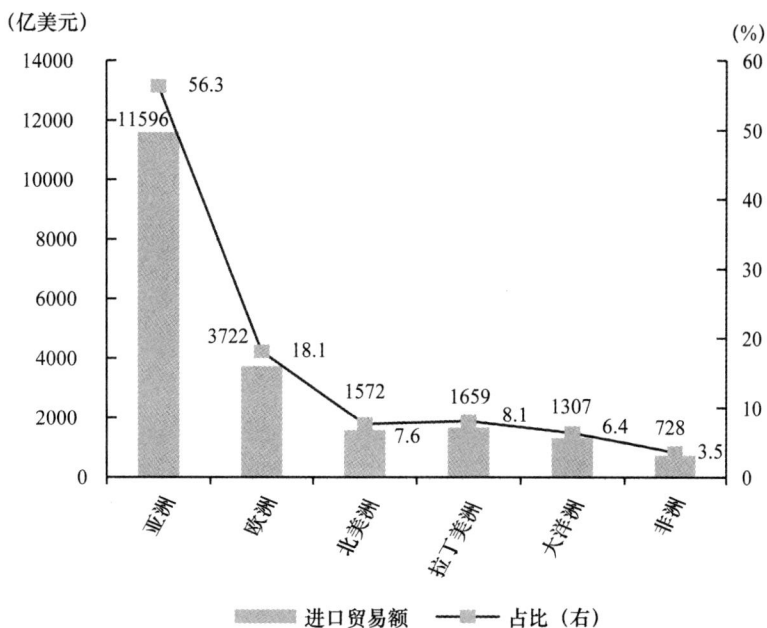

图 2.5 2020 年中国货物进口贸易的大洲分布

资料来源：中国海关总署数据库。

表 2.2 中国货物出口贸易的大洲结构 （单位：亿美元，%）

	2020 年出口贸易额	2019 年出口贸易额	2020 年出口增速	2020 年出口占比	2019 年出口占比	份额变化
亚洲	12358	12223	1.1	47.6	48.9	−1.3
欧洲	5375	4983	7.9	20.7	19.9	0.8
北美洲	4943	4548	8.7	19.0	18.2	0.8
非洲	1144	1133	1.0	4.4	4.5	−0.1
拉丁美洲	1509	1519	−0.7	5.8	6.1	−0.3
大洋洲	648	581	11.6	2.5	2.3	0.2

资料来源：中国海关总署数据库。

表2.3　　　　　　中国货物进口贸易的大洲结构　　（单位：亿美元，%）

指标	2020年进口贸易额	2019年进口贸易额	2020年增速	2020年进口占比	2019年进口占比	份额变化
亚洲	11596	11446	1.3	55.4	56.3	-1.0
欧洲	3722	3759	-1.0	18.2	18.1	0.1
北美洲	1572	1506	4.3	7.3	7.6	-0.3
拉丁美洲	1659	1648	0.7	8.0	8.1	-0.1
大洋洲	1307	1368	-4.4	6.6	6.4	0.3
非洲	728	950	-23.3	4.6	3.5	1.1

资料来源：中国海关总署数据库。

二　中国国别贸易的一体化区域分布

区域一体化使各国降低了市场分割造成的交易成本，有助于各国克服货物、服务、资本、人员和思想流动的障碍。[①] 据国际协会联盟统计，1909年全球各类国际组织只有213个，1956年增加到1117个，1990年猛增到26656个，81年间增加了124倍。2020年，各种类型的国际组织总数已超过73000个，遍布世界200多个国家和地区，且每年还在以1200个以上的速度迅猛增加。[②] 目前，以政府间国际组织为主体，大大小小的国际组织如同神经系统分布于整个国际社会，它们彼此协调，分工合作，相互策应，构成庞大的网络，在调整国际关系、促进世界

① World Bank, "Regional Integration", https：//www. worldbank. org/en/topic/regional-integration/overview.

② Union of International Associations, "The Yearbook of International Organizations", http：//www. uia. org/yearbook.

和平与发展方面发挥着不可或缺的作用。①

本节选取世界上主要的 18 个一体化区域，每个区域名称、成立时间地点、类型与成员国构成如表 2.4 所示。需要指出的是：在计算与欧盟贸易比重的时候，2019 年及以前包括英国在内，2020 年欧盟成员国中不再包含英国，本节中后续内容也同样处理。由于中国本身也被包含在 APEC 之内，在计算与 APEC 的贸易时，不包括中国自身的复进口内容。北美自由贸易区（NAFTA）在 2018 年已被替换为美墨加三国协议（USMCA），为保持与之前称谓的连续性，本书仍使用 NAFTA 名称。同样由于某些国家同时加入多个一体化组织，因此在计算的时候，按照一体化组织的所有成员国加总。

表 2.4　　　　　　　　　　一体化区域构成

	成立时间和地点	类型	成员国
欧盟 27 国（EU）＋英国	1958 年，布鲁塞尔	经济联盟	德国、荷兰、法国、意大利、西班牙、波兰、比利时、捷克、爱尔兰、瑞典、丹麦、匈牙利、奥地利、斯洛伐克、希腊、罗马尼亚、芬兰、葡萄牙、斯洛文尼亚、保加利亚、立陶宛、马耳他、克罗地亚、拉脱维亚、卢森堡、爱沙尼亚、塞浦路斯、英国
欧洲自由贸易联盟（EFTA）	1960 年，日内瓦	自由贸易区	瑞士、挪威、冰岛、列支敦士登
安第斯国家共同体（CAN）	1969 年，利马	共同市场	秘鲁、哥伦比亚、厄瓜多尔、委内瑞拉、玻利维亚
东盟（ASEAN）	1969 年，雅加达	自由贸易区	越南、马来西亚、泰国、新加坡、印度尼西亚、菲律宾、文莱、缅甸、柬埔寨、老挝

① 高飞：《国际组织与全球治理》，2021 年 3 月 1 日，中国人大网，http://www.npc.gov.cn/npc/c30834/202103/0d2a4aaaf5e7405b8bcce8135af07c90.shtml.

续表

	成立时间和地点	类型	成员国
西非国家经济共同体（ECOWAS）	1975 年，瓦加杜古	自由贸易区	毛里塔尼亚、尼日利亚、几内亚、利比里亚、科特迪瓦、塞内加尔、多哥、贝宁、冈比亚、塞拉利昂、尼日尔、布基纳法索、佛得角、几内亚（比绍）
南部非洲发展共同体（SADC）	1980 年，哈伯罗内	关税同盟	南非、安哥拉、坦桑尼亚、赞比亚、莫桑比克、津巴布韦、纳米比亚、博茨瓦纳、马拉维、莱索托、斯威士兰
海湾合作委员会（GCC）	1981 年，利雅得	关税同盟	阿联酋、阿曼、科威特、卡塔尔、巴林
拉美一体化协会（LALI）	1981 年，蒙得维的亚	共同市场	墨西哥、秘鲁、哥伦比亚、厄瓜多尔、委内瑞拉、玻利维亚、巴西、阿根廷、乌拉圭、智利
加勒比共同体（CARICOM）	1983 年，乔治敦	关税同盟	海地、特立尼达和多巴哥、牙买加、圭亚那、巴哈马、苏里南、伯利兹、巴巴多斯、安提瓜和巴布达、圣卢西亚、多米尼克、格林纳达、圣基茨和尼维斯、圣文森特和格林纳丁斯、蒙特塞拉特
南亚区域合作联盟（SAARC）	1985 年，加德满都	特惠贸易协定	印度、巴基斯坦、孟加拉国、斯里兰卡、尼泊尔、马尔代夫、不丹
亚太经济合作组织（APEC）	1989 年，堪培拉	自由贸易区	俄罗斯、越南、马来西亚、泰国、新加坡、印度尼西亚、菲律宾、文莱、秘鲁、美国、加拿大、墨西哥、日本、韩国、中国香港、中国台湾、澳大利亚、智利、新西兰、巴布亚新几内亚、中国
阿拉伯马格里布联盟（AMU）	1989 年，摩洛哥	自由贸易区	毛里塔尼亚、阿尔及利亚、摩洛哥、利比亚、突尼斯
澳新自由联盟	1990 年，堪培拉	关税同盟	澳大利亚、新西兰
南美共同市场（MERCO-SUR）	1991 年，亚松森	关税同盟	巴西、阿根廷、乌拉圭、巴拉圭
独联体（CIS）	1993 年，莫斯科	自由贸易区	俄罗斯、哈萨克斯坦、乌兹别克斯坦、土库曼斯坦、白俄罗斯、吉尔吉斯斯坦、塔吉克斯坦、亚美尼亚、摩尔多瓦

续表

	成立时间 和地点	类型	成员国
中美洲共同市场（CACM）	1993 年，圣萨尔瓦多	关税同盟	危地马拉、萨尔瓦多、洪都拉斯、尼加拉瓜
东部和南部非洲共同市场（COMESA）	1994 年，卢卡萨	共同市场	肯尼亚、苏丹、埃塞俄比亚、吉布提、索马里、毛里求斯、卢旺达、布隆迪、科摩罗
北美自由贸易区（NAFTA）	1994 年，墨西哥城	自由贸易区	美国、加拿大、墨西哥

资料来源：根据网络资料整理。

从中国对外贸易国别的区域一体化属性看，中国对一体化组织的货物进出口贸易分布有如下规律：一是 APEC、NAFTA、欧盟是中国货物对外贸易的前三大一体化组织，[①]其中与 APEC 的贸易比重最高，2020 年与该区域的双边贸易总额达 28807 亿美元，占 63.6%；其次是与 NAFTA 三国的货物贸易，历史高点为 1998 年的 18.85%，历史低点为 2011 年的 14.99%。中美经贸摩擦以后，中国对该组织的贸易比重略微下降，从 2018 年的 16.87% 下降到 2019 年的 15.0%，但疫情之下该比重又强劲反弹，2020 年与该区域的贸易比重上升到 15.7%。2008 年金融危机后，与欧盟 27 国的贸易比重略有下降，从 2008 年的 15.47% 下降到 2013 年的 12.21%，2014 年至今呈趋势性恢复，2020 年与该区域的贸易比重上升到 14.37%。二是中国与英国的贸易比重在长期内保持相对稳定，2020 年英国脱欧明显反应在中国与欧盟的贸易数字上，从 2019 年的 15.86% 跌至 14.37%，但欧盟 27 国的贸易比重增长相对稳定，而且自 2013 年以来呈明显上升趋势。三是国际金融危机以来中国与东盟 10 国的贸易比重呈明

---

① 由于 APEC 在图中会不便于观察其余地区，因此作图时未显示该区域。

显较快速度增长，2008 年中国与东盟货物进出口贸易比重为
9.36%，2020 年占比上升到 15.14%，而且受英国脱欧影响，
与东盟的贸易比重首次超过欧盟地区。四是中国与拉美一体化
协会的贸易比重上升幅度也较为明显，1995 年的比重为
1.67%，2008 年上升到 5.00%，2011—2020 年保持 6.00% 左右
的平稳状态，2020 年与该地区贸易比重达 6.38%。五是中国与
上述区域之外的其他经济一体化区域贸易比重相对较小，如图
2.6、图 2.7 所示。

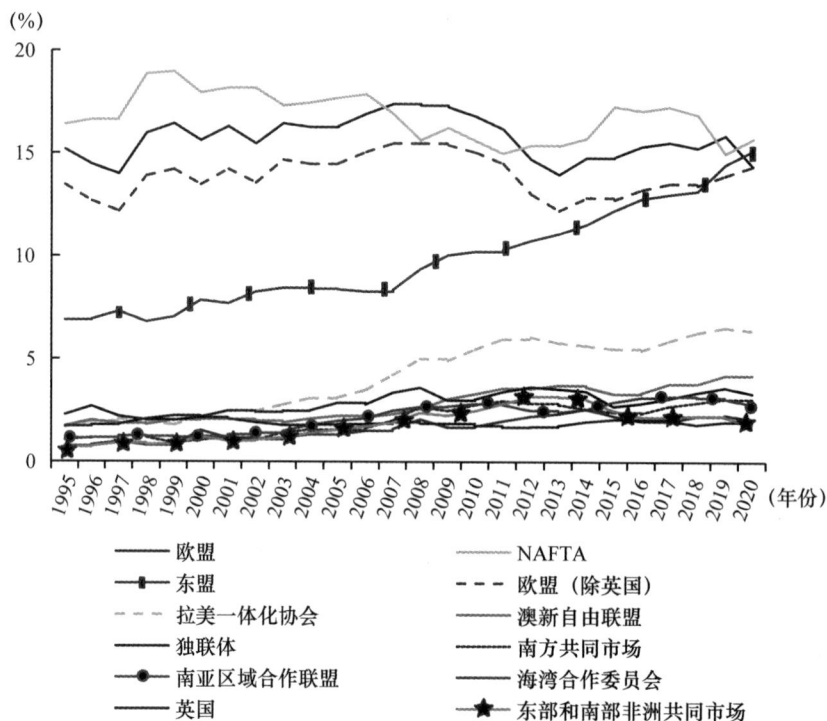

图 2.6　中国货物进出口贸易的区域结构（一体化区域）

资料来源：中国海关总署数据库。

（亿美元）

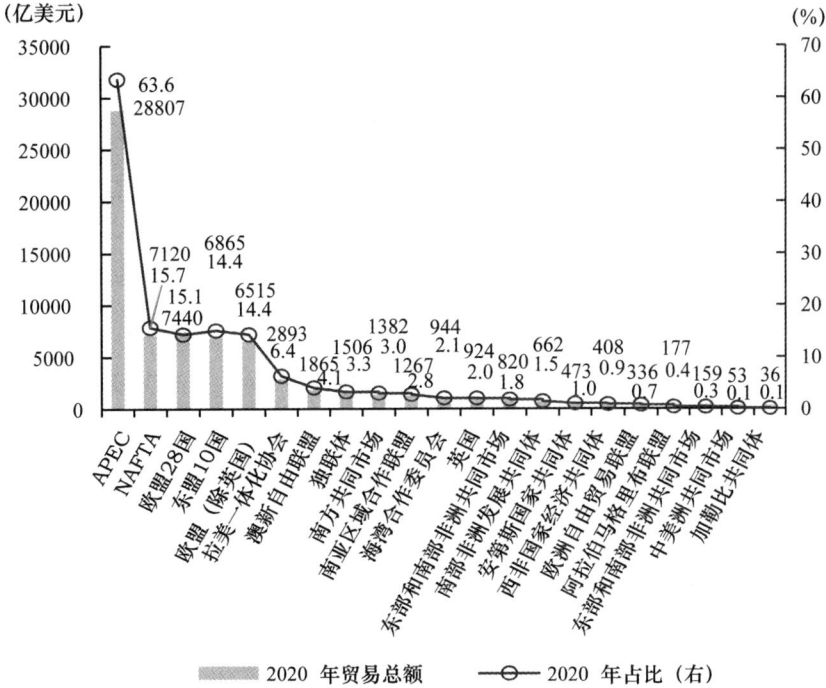

图 2.7　2020 年中国货物贸易的区域结构（一体化区域）

资料来源：中国海关总署数据库。

对比 2020 年与 2019 年的数据，观察中国对一体化区域的货物进出口贸易总额增速及比重变化，发现：一是中国与大多数一体化组织的双边贸易都明显下降，下降区域占总区域样本的 66%，降幅严重的地区集中在欧洲、中东以及非洲地区，与美洲和亚洲地区的贸易比重不降反升，增幅强劲的东盟占比 6.9%、NAFTA 占比 6.9%、APEC 占比 4.5%。比重变化方向与增幅变化方向基本一致，APEC 比重上升 1.5 个百分点，如表 2.5 所示。

从进出口贸易分别观察中国对一体化组织货物进（出）口贸易的分布，发现：一是 APEC 为所有一体化组织中进（出）口比重最高的区域，2020 年进口达 12522 亿美元，占 60.8%；出口达 1628 亿美元，占 63.6%。二是除 APEC 之外，中国对一体化组织出口的大头集中在NAFTA、欧盟以及东盟三者，对东盟的出口一直在上升，从1995年的6.3%上升到了2020年的14.8%。对NAFTA、欧盟的出口占比一直较高，但二者的波动较大，2013年之前呈先升后降之趋势，2013—2018年呈持续上升趋势。受中美经贸摩擦影响，2019年对NAFTA的出口占比明显下降，但在2020年疫情影响下不降反升。而欧盟受英国脱欧的影响，其上升趋势没有能够延续，从2019年的17.1%降至2020年的15.1%。三是除APEC之外，中国对一体化组织进口的大头集中在NAFTA、欧盟以及东盟三者，但三者趋势变化不同。对美国的进口比重呈"W"形变化，对欧盟的进口比重呈倒"N"形变化，对东盟的进口比重呈线性增长。四是其余一体化组织中进口比重呈明显趋势性上升的有拉美一体化协议国家、澳新自由联盟、南方共同市场、海湾合作委员会，如图2.6至图2.11所示。

表2.5　　　　　中国与一体化区域的进出口贸易　　　（单位：亿美元，%）

	2020年进出口贸易额	2019年进出口贸易额	2020年进出口增速	2020年进出口占比	2019年进出口占比	份额变化
APEC	28807	27558	4.5	63.6	62.1	1.5
NAFTA	7120	6659	6.9	15.7	15.0	0.7
东盟	6865	6420	6.9	15.1	14.5	0.6
欧盟	6515	7042	-7.5	14.4	15.9	-1.5
拉美一体化协会	2893	2895	-0.1	6.4	6.5	-0.1
澳新自由联盟	1865	1859	0.3	4.1	4.2	-0.1
独联体	1506	1598	-5.8	3.3	3.6	-0.3
南方共同市场	1382	1353	2.1	3.0	3.0	0
南亚区域合作联盟	1267	1356	-6.6	2.8	3.1	-0.3
海湾合作委员会	944	1011	-6.6	2.1	2.3	-0.2
东部和南部非洲共同市场	820	969	-15.4	1.8	2.2	-0.4

续表

	2020 年进出口贸易额	2019 年进出口贸易额	2020 年进出口增速	2020 年进出口占比	2019 年进出口占比	份额变化
南部非洲发展共同体	662	818	−19.1	1.5	1.8	−0.3
安第斯国家共同体	473	540	−12.4	1.0	1.2	−0.2
西非国家经济共同体	408	411	−1.0	0.9	0.9	0
欧洲自由贸易联盟	336	395	−15.0	0.7	0.9	−0.2
阿拉伯马格里布联盟	177	235	−24.7	0.4	0.5	−0.1
中美洲共同市场	53	52	1.7	0.1	0.1	0
加勒比共同体	36	38	−4.9	0.1	0.1	0

资料来源：中国海关总署数据库。

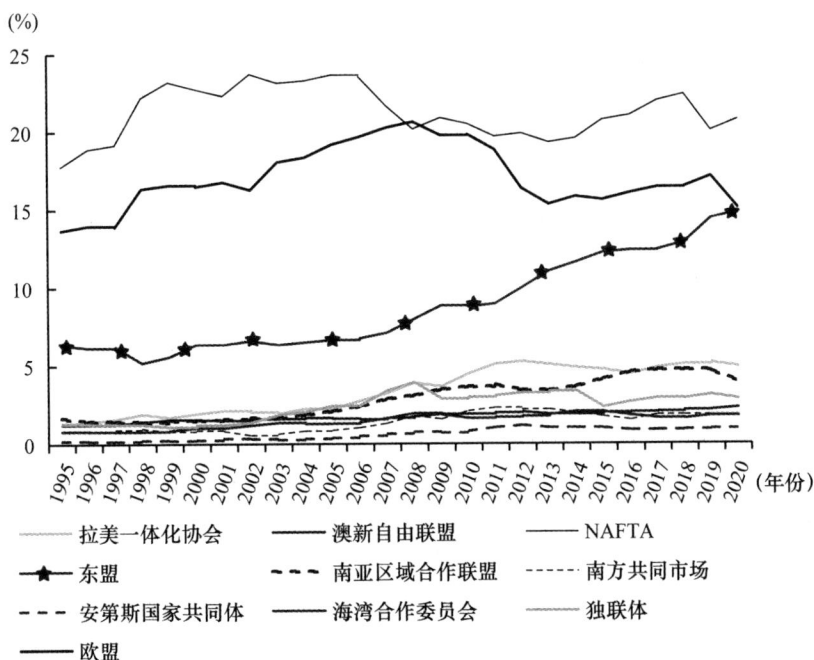

图 2.8　中国对一体化组织的货物出口结构

资料来源：中国海关总署数据库。

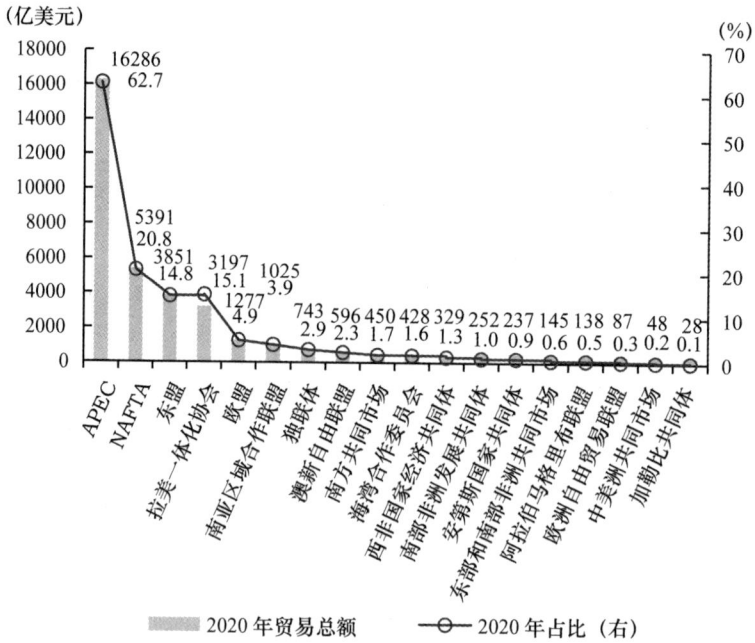

图 2.9 2020 年中国对一体化区域的货物出口

资料来源：中国海关总署数据库。

表 2.6 　　　　中国与一体化区域的出口贸易 　　（单位：亿美元，%）

	2020 年出口贸易额	2019 年出口贸易额	2020 年出口增速	2020 年出口占比	2019 年出口占比	份额变化
APEC	16286	15555	4.7	62.7	62.3	0.2
NAFTA	5391	5011	7.6	20.8	20.1	5.1
东盟	3851	3603	6.9	14.8	14.4	−0.1
欧盟	3197	3655	−12.5	15.1	17.1	1.2
拉美一体化协会	1277	1291	−1.1	4.9	5.2	−1.3
南亚区域合作联盟	1025	1144	−10.3	3.9	4.6	0.4
独联体	743	778	−4.5	2.9	3.1	−0.5
澳新自由联盟	596	538	10.7	2.3	2.2	−0.8
南方共同市场	450	457	−1.7	1.7	1.8	−1.3
海湾合作委员会	428	442	−3.3	1.6	1.8	−0.5

续表

	2020 年出口贸易额	2019 年出口贸易额	2020 年出口增速	2020 年出口占比	2019 年出口占比	份额变化
西非国家经济共同体	329	333	－1.3	1.3	1.3	－0.9
东部和南部非洲共同市场	397	404	－1.7	1.6	1.7	－1.0
南部非洲发展共同体	252	266	－5.4	1.0	1.1	－0.7
安第斯国家共同体	237	238	－0.4	0.9	1.0	－0.2
阿拉伯马格里布联盟	138	158	－12.6	0.5	0.6	－0.3
欧洲自由贸易联盟	87	80	8.2	0.3	0.3	－0.2
中美洲共同市场	48	48	－0.5	0.2	0.2	－0.1
加勒比共同体	28	29	－3.2	0.1	0.1	0

资料来源：中国海关总署数据库。

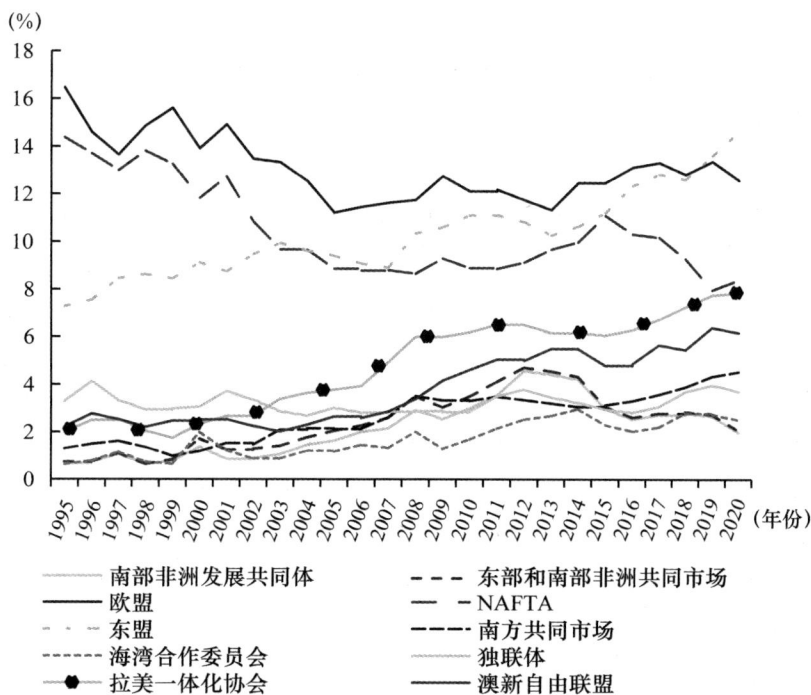

图 2.10 中国从一体化组织的货物进口结构

资料来源：中国海关总署数据库。

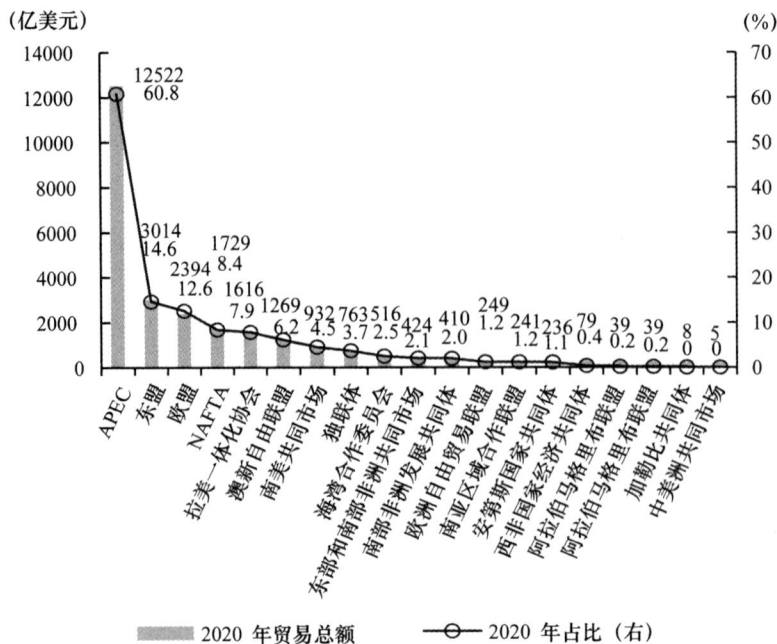

图 2.11　2020 年中国从一体化区域的货物进口

资料来源：中国海关总署数据库。

表 2.7	中国与一体化区域的进口贸易				（单位：亿美元，%）	
	2020 年进口贸易额	2019 年进口贸易额	2020 年进口增速	2020 年进口占比	2019 年进口占比	份额变化
APEC	12522	12003	4.3	60.8	58.0	2.8
东盟	3014	2817	7.0	14.6	13.6	1.0
欧盟	2394	2764	−13.4	12.6	13.4	−0.8
NAFTA	1729	1647	5.0	8.4	8.0	0.4
拉美一体化协会	1616	1604	0.7	7.9	7.8	0.1
澳新自由联盟	1269	1321	−3.9	6.2	6.4	−0.2
南方共同市场	932	896	4.1	4.5	4.3	0.2
独联体	763	820	−7.0	3.7	4.0	−0.3
海湾合作委员会	516	568	−9.2	2.5	2.7	−0.2

续表

	2020年进口贸易额	2019年进口贸易额	2020年进口增速	2020年进口占比	2019年进口占比	份额变化
东部和南部非洲共同市场	424	566	−25.1	2.1	2.7	−0.6
南部非洲发展共同体	410	552	−25.7	2.0	2.7	−0.7
欧洲自由贸易联盟	249	314	−20.9	1.2	1.5	−0.3
南亚区域合作联盟	241	213	13.4	1.2	1.0	0.2
安第斯国家共同体	236	302	−21.9	1.1	1.5	−0.4
西非国家经济共同体	79	78	0.3	0.4	0.4	0
阿拉伯马格里布联盟	39	77	−49.7	0.2	0.4	−0.2
阿拉伯马格里布联盟	39	77	−49.7	0.2	0.4	−0.2
加勒比共同体	8	9	−10.0	0	0	0
中美洲共同市场	5	4	28.6	0	0	0

资料来源：中国海关总署数据库。

三　中国国别贸易的"一带一路"沿线国家分布

"一带一路"沿线国家是中国重要的贸易伙伴。1995年以来，中国与这些国家的双边贸易比重从13.1%持续上升到2020年的29.1%。本节将重点以"一带一路"沿线国家为观测对象，研究中国与该类国家的贸易结构分布，"一带一路"沿线国家分布如表2.8所示。

表2.8　　　　　　　　　"一带一路"沿线国家分布

	成员
东盟10国	新加坡、马来西亚、印度尼西亚、缅甸、泰国、老挝、柬埔寨、越南、文莱和菲律宾
西亚17国	伊朗、伊拉克、土耳其、叙利亚、约旦、黎巴嫩、以色列、巴勒斯坦、沙特阿拉伯、也门、阿曼、阿联酋、卡塔尔、科威特、巴林、希腊、塞浦路斯

续表

	成员
南亚 8 国	印度、巴基斯坦、孟加拉国、阿富汗、斯里兰卡、马尔代夫、尼泊尔和不丹
中亚 5 国	哈萨克斯坦、乌兹别克斯坦、土库曼斯坦、塔吉克斯坦和吉尔吉斯斯坦
独联体 7 国	俄罗斯、乌克兰、白俄罗斯、格鲁吉亚、阿塞拜疆、亚美尼亚和摩尔多瓦
中东欧 16 国	波兰、立陶宛、爱沙尼亚、拉脱维亚、捷克、斯洛伐克、匈牙利、斯洛文尼亚、克罗地亚、波黑、黑山、塞尔维亚、阿尔巴尼亚、罗马尼亚、保加利亚和马其顿
东亚 2 国	中国、蒙古国

资料来源：新华丝路网，https：//www.imsilkroad.com。

　　中国对"一带一路"沿线国家货物进出口贸易分布有如下规律：一是东盟 10 国为沿线区域对华贸易最多的国家群，该区域也是亚洲地区成立较早而且较大的自由贸易区。与其贸易比重呈"V"形趋势，先从 1995 年的 51.6% 降至 2008 年的 39%，再从 2009 年的 42.9% 上升到 2020 年的 50.8%。2018 年以来，尽管有中美经贸摩擦和新冠肺炎疫情，但中国与该区域的贸易比重没有受到负面影响，如图 2.12 所示。二是西亚 17 国为对华贸易第二多的国家群，这一区域主要是能源输出，与该区域的贸易呈倒"V"形变化，先从 1995 年的 16% 上升到 2014 年的 27.6%，随后再下降到 2020 年的 19.7%，如图 2.12 所示。三是从最近五年的数据看，中国与中亚 5 国、南亚 8 国的贸易比重有略微下降的趋势，如图 2.12 所示。

　　如果分别从进口和出口贸易来看，有以下发现：一是东盟是中国进、出口比重均较大的区域，对该区域出口的线性趋势明显，对该区域进口比重波动较大，2014 年以后也有上升趋势。二是 2014 年以前对西亚 17 国的出口长期保持在 22% 左右的水平，2014 年以后对该区域的出口比重呈下降趋势，进口比

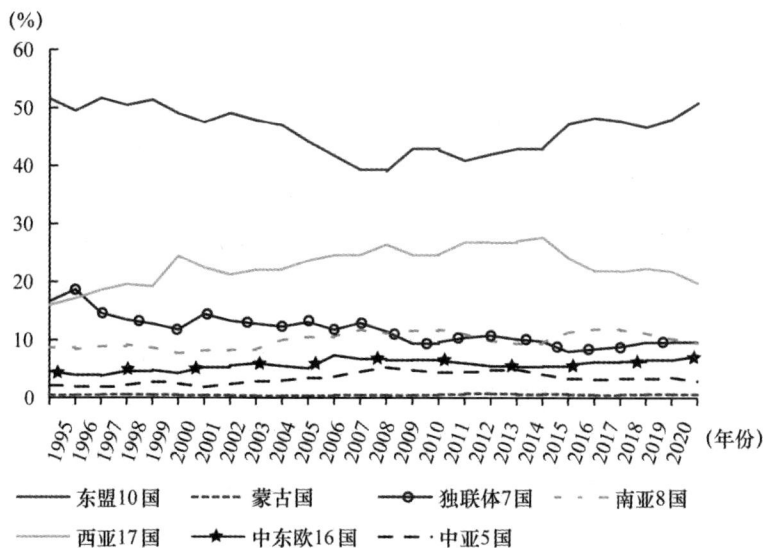

图 2.12　中国与"一带一路"沿线国家进出口贸易结构
资料来源：中国海关总署数据库。

重降幅较大。三是从 2020 年的出口增速来看，对中东欧 16 国的出口增长了 11.8%，东盟 10 国增长了 6.9%，西亚 17 国增长了 4.4%，独联体 7 国增长 1.4%。出口降幅最大的是中亚 5 国，降低了 19.2%；其次是东亚的蒙古国降低了 11.6%，南亚 8 国降低了 10.4%，如表 2.9 所示。从 2020 年的出口份额变化来看，由于对东盟 10 国出口的基数较大，6.9% 的增幅额外获得了 1.8 个百分点的贸易份额，而西亚 17 国则下降了 1.9 个百分点的贸易份额，如表 2.9 所示。四是从 2020 年的进口增速来看，对南亚 8 国的进口增长了 13.5%，中东欧 16 国增长了 10.9%，东盟 10 国增长了 7.0%，独联体 7 国增长 0.4%。进口降幅最大的是中亚 5 国，降低了 14.3%；其次是蒙古国降低了 20.1%，如表 2.11 所示。从 2020 年的进口份额变化来看，对东盟 10 国进口比重上升了 4.2 个百分点，对西亚 17 国则下降了 4.9 个百分点。

分国别观察进口、出口发现：一是东盟 10 国中，中国出口比重较高的前 5 个国家,2020 年对其出口增速仍然保持较高水平,其中越南达 16.4%,泰国达 10.9%;而比重较低的 5 个国家增速相对较低,其中占比最小的文莱降了 25.9%,较低的老挝降了 16.2%。进口比重较高的 5 个国家中,对新加坡进口下降了 10.4%,其余国家表现良好,对越南进口增加了 23.0%,对印度尼西亚进口增加了 10.1%。进口比重较低的国家中,对文莱进口增幅超过 220%。二是对东亚的蒙古国进、出口占比呈双降之势,出口降 11.6%、进口降 20.1%。三是独联体国家中对乌克兰、格鲁吉亚出口分别下降了 6.7%、8.8%,对摩尔多瓦、白俄罗斯、俄罗斯、亚美尼亚、阿塞拜疆出口分别上升了 21.6%、18.8%、2.3%、1.2%、0.1%,如表 2.10 所示。进口方面降幅最大的是阿塞拜疆,降了 21.1%;其次是俄罗斯,降了 5.1%;白俄罗斯降了 2.2%。增幅最大的是乌克兰上升了 73.1%;其次是亚美尼亚,上升了 43.3%;摩尔多瓦上升了 29.4%;格鲁吉亚上升了 20.0%,如表 2.12 所示。四是南亚 8 国中除出口比重最小的不丹以外,对其余各国的出口都在下降,平均降幅为 13.1%,其中对印度的出口下降 10.9%,巴基斯坦下降 5.0%,降幅最大的是尼泊尔,下降了 21.3%,如表 2.10 所示。从进口增速看,南亚 8 国进口比重最大的印度进口增幅上升 16.1%,巴基斯坦上升 17.5%。其余进口比重较小的国家中,对阿富汗进口上升了 86.1%,但 2020 年对该国的进口仅为 5451 万元,如表 2.12 所示。五是西亚 17 国中,2020 年中国对阿联酋、沙特、土耳其、以色列、伊拉克 5 国出口比重为 74.8%,除对阿联酋降低了 3.3%外,对其余 4 国出口平均上升 17.7%。2020 年进口比重较大的 5 个国家为沙特 30.%、伊拉克 15.0%、阿联酋 13.2%、阿曼 12.2%、科威特 8.3%,这些国家中仅从阿联酋进口上升了 12.0%,从其余 4 国进口平均降幅为 21.8%,占比最大的沙特降了 28.0%,占比较大的伊拉克降低了 19.1%,如表 2.12 所示。六是对中东欧 16 国的出口贸易增长势头较好,16 国中对 13 国的出口增速上升，出口下降的 3 国：拉脱维亚降 2.6%、爱沙尼亚降 5.8%、阿尔巴尼亚降 4.5%。出口比重最大的 5 国增速分别为波兰 16.3%、捷克 6.8%、匈牙利 15.4%、罗马尼亚 12.8%、斯洛文尼亚 1.4%。对塞尔维亚的出口增速最高，与 2019 年的 10 亿美元相比，2020 年增加到 16 亿美元，增幅为 59.5%。进口占比较高的 5 国增速为正，斯洛伐克 7.8%、捷克 11.1%、波兰 9.6%、匈牙利 14.3%、罗马尼亚 13.6%，对塞尔维亚的进口增幅为 37.2%。七是中亚 5 国中，中国与哈萨克斯坦进口、出口贸易占该地区比重分别为 55%、56%。2020 年对该国出口下降了 8.6%，进口上升了 5.2%。对中亚 5 国出口的第二大国为乌兹别克斯坦，出口占该地区的 24%，与该国出口增长了 2.0%，但进口下降了 32.0%。哈萨克斯坦是中国从该地区进口唯一增长的国家，如表 2.10、表 2.12 所示。

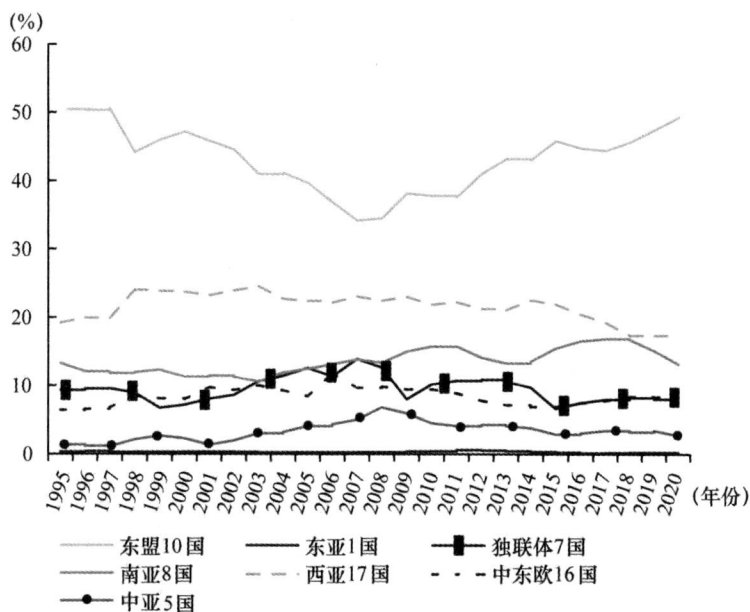

图 2.13 中国对"一带一路"沿线国家的出口贸易结构

资料来源：中国海关总署数据库。

表 2.9　　　　　　中国对"一带一路"沿线国家的出口贸易（单位：亿美元，%）

	2020 年出口贸易额	2019 年出口贸易额	2020 年出口增速	2020 年出口占比	2019 年出口占比	份额变化
东盟 10 国	3851	3603	6.9	49.3	47.5	1.8
西亚 17 国	1379	1320	4.4	17.7	17.4	0.3
南亚 8 国	1030	1150	-10.4	13.2	15.1	-1.9
中东欧 16 国	701	627	11.8	9.0	8.3	0.7
独联体 7 国	619	610	1.4	7.9	8.0	-0.1
中亚 5 国	212	262	-19.2	2.7	3.5	-0.8
东亚 1 国	16	18	-11.6	0.2	0.2	0

资料来源：中国海关总署数据库。

表 2.10　　　　　　中国对"一带一路"沿线国家的出口贸易（单位：亿美元，%）

	国家	2020 年出口	2019 年出口	2020 年出口增速
东盟 10 国	越南	1141	980	16.4
	新加坡	579	550	5.3
	马来西亚	569	525	8.4
	泰国	506	456	10.9
	菲律宾	420	408	3.0
	印度尼西亚	411	457	-10.1
	缅甸	126	123	1.9
	柬埔寨	81	80	1.0
	老挝	15	18	-16.2
	文莱	5	6	-25.9
东亚 1 国	蒙古国	16	18	-11.6

续表

	国家	2020 年出口	2019 年出口	2020 年出口增速
独联体7国	俄罗斯	506	495	2.3
	乌克兰	69	74	-6.7
	白俄罗斯	21	18	18.8
	格鲁吉亚	13	14	-8.8
	阿塞拜疆	6	6	0.1
	亚美尼亚	2	2	1.2
	摩尔多瓦	1	1	21.6
南亚8国	印度	668	749	-10.9
	巴基斯坦	154	162	-5.0
	孟加拉国	151	173	-12.9
	斯里兰卡	38	41	-5.9
	尼泊尔	12	15	-21.3
	阿富汗	5	6	-16.6
	马尔代夫	3	3	-19.5
	不丹	0.14	0.11	26.0
西亚17国	阿联酋	323	335	-3.3
	沙特	281	239	17.6
	土耳其	204	173	17.6
	以色列	113	95	18.3
	伊拉克	109	95	15.4
	伊朗	85	96	-11.4
	希腊	70	77	-9.0
	科威特	36	39	-7.1
	约旦	32	37	-14.7
	阿曼	31	30	2.4
	也门	29	28	2.2
	卡塔尔	26	24	9.5
	巴林	11	15	-24.6
	黎巴嫩	9	17	-43.5
	塞浦路斯	9	6	55.1
	叙利亚	8	13	-36.6
	巴勒斯坦	1	1	22.8

续表

	国家	2020 年出口	2019 年出口	2020 年出口增速
中东欧16国	波兰	278	239	16.3
	捷克	138	129	6.8
	匈牙利	74	64	15.4
	罗马尼亚	51	46	12.8
	斯洛文尼亚	35	34	1.4
	斯洛伐克	30	29	5.4
	立陶宛	18	17	7.4
	塞尔维亚	16	10	59.5
	克罗地亚	16	14	13.0
	保加利亚	15	15	0.1
	拉脱维亚	11	11	−2.6
	爱沙尼亚	9	9	−5.8
	阿尔巴尼亚	6	6	−4.5
	马其顿	2	1	19.0
	波斯尼亚和黑塞哥维那	1	1	5.6
	黑山	1	1	−0.5
中亚5国	哈萨克斯坦	117	128	−8.6
	乌兹别克斯坦	51	50	2.0
	吉尔吉斯斯坦	29	63	−54.6
	塔吉克斯坦	10	16	−36.9
	土库曼斯坦	4	4	3.2

资料来源：中国海关总署数据库。

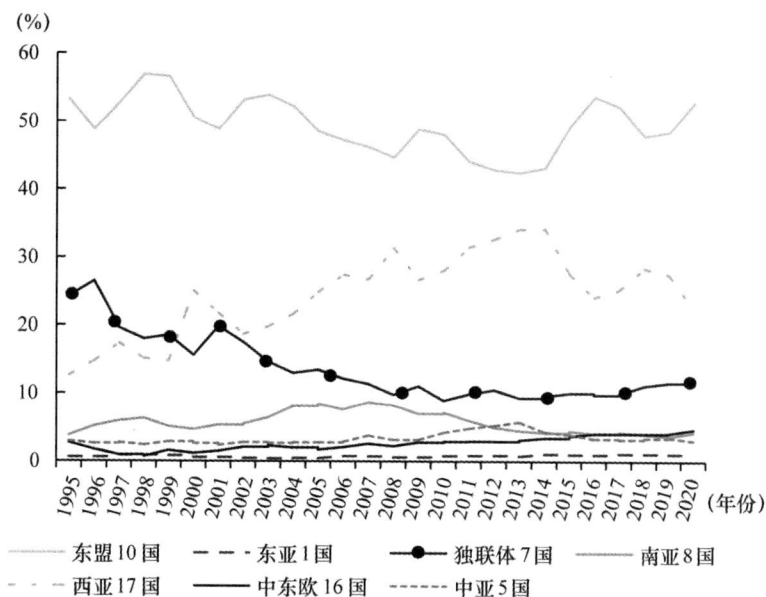

图 2.14　中国从"一带一路"沿线国家的进口结构

资料来源：中国海关总署数据库。

表 2.11　　　中国对"一带一路"沿线国家的进口贸易　（单位：亿美元，%）

	2020 年进口贸易额	2019 年进口贸易额	2020 年进口增速	2020 年进口占比	2019 年进口占比	2020 年进口占比增速
东盟 10 国	3014	2817	7.0	52.8	48.6	4.2
西亚 17 国	1283	1591	−19.4	22.5	27.4	−4.9
独联体 7 国	675	672	0.4	11.8	11.6	0.2
中东欧 16 国	267	241	10.9	4.7	4.2	0.5
南亚 8 国	242	213	13.5	4.2	3.7	0.5
中亚 5 国	174	203	−14.3	3.0	3.5	−0.5
东亚 1 国	50	63	−20.1	0.9	1.1	−0.2

资料来源：中国海关总署数据库。

表 2.12　　　　　中国对"一带一路"沿线国家的进口贸易 （单位：亿美元，%）

	国家	2020 年进口	2019 年进口	2020 年进口增速
东盟10 国	越南	788	641	23.0
	马来西亚	747	716	4.3
	泰国	482	461	4.4
	印度尼西亚	374	340	10.1
	新加坡	316	352	−10.4
	菲律宾	193	202	−4.2
	缅甸	63	64	−0.6
	老挝	21	22	−4.5
	柬埔寨	15	14	3.7
	文莱	14	5	220.7
东亚1 国	蒙古国	50	63	−20.1
独联体7 国	俄罗斯	572	603	−5.1
	乌克兰	78	45	73.1
	白俄罗斯	9	9	−2.2
	亚美尼亚	8	5	43.3
	阿塞拜疆	7	9	−21.1
	格鲁吉亚	1	1	20.0
	摩尔多瓦	1	0	29.4
南亚8 国	印度	209	180	16.1
	巴基斯坦	21	18	17.5
	孟加拉国	8	10	−22.8
	斯里兰卡	3	4	−19.9
	阿富汗	0.5	0.3	86.1
	尼泊尔	0.2	0.3	−51.5
	马尔代夫	0.1	0.3	−82.9
	不丹	0.0003	0.0005	−25.8

续表

国家	2020 年进口	2019 年进口	2020 年进口增速
西亚17国 沙特	391	543	−28.0
伊拉克	193	238	−19.1
阿联酋	169	151	12.0
阿曼	156	195	−20.0
科威特	107	134	−20.1
卡塔尔	83	87	−4.9
伊朗	64	134	−52.2
以色列	63	52	21.9
土耳其	37	35	6.2
希腊	8	7	6.5
也门	7	9	−21.6
约旦	4	4	−1.7
巴林	1	2	−25.4
黎巴嫩	0.3	0.3	22.3
塞浦路斯	0.3	0.6	−56.2
叙利亚	0.0133	0.0140	−4.8
巴勒斯坦	0.0001	0.0014	−93.5
中东欧16国 斯洛伐克	64	60	7.8
捷克	51	46	11.1
波兰	43	39	9.6
匈牙利	43	37	14.3
罗马尼亚	26	23	13.6
保加利亚	14	12	17.7
斯洛文尼亚	5	5	−1.5
塞尔维亚	5	4	37.2

国家		2020 年进口	2019 年进口	2020 年进口增速
中东欧16 国	立陶宛	5	4	11.7
	爱沙尼亚	3	3	−6.0
	马其顿	2	1	52.8
	拉脱维亚	2	2	2.5
	克罗地亚	1	1	−2.7
	阿尔巴尼亚	1	1	−23.2
	波斯尼亚和黑塞哥维那	1	1	−5.7
	黑山	1	0.4	32.5
中亚5 国	哈萨克斯坦	97	93	5.2
	土库曼斯坦	61	87	−30.1
	乌兹别克斯坦	15	22	−32.0
	塔吉克斯坦	0.5	1	−46.4
	吉尔吉斯斯坦	0.3	1	−47.3

资料来源：中国海关总署数据库。

四　中国的国别贸易结构

上述三节从国家所属的区域角度分析了中国外贸结构，本节直接从国家（地区）角度分析中国外贸结构，分别从进出口总额、出口、进口三方面分析中国对外贸易比重较大的十个国家（地区）。

从进出口贸易总量看有以下特点：一是中国与美国、日本，以及中国香港等地贸易比重长期内下降趋势明显，与越南贸易比重上升趋势明显。前十个国家（地区）贸易总额从 2019 年的 24094 亿美元上升至 2020 年的 25409 亿美元，总占比达 56.0%，与 2019 年相比增长 1.6 个百分点。二是 2020 年全年增幅最大的国家是越南，从 2019 年的 1621 亿美元增长至 2020 年的 1929 亿美元。中国台湾地区增长也比较亮眼，从 2019 年的 2279 亿美元上升至 2020 年的 2622 亿美元。对美国贸易也较 2019 年增长8.7%，从 5403 亿美元增长到 5871 亿美元。前十个国家（地区）中，仅与中国香港的贸易下降了 2.5%。从各地区份额变化看，日本、韩国、中国香港、澳大利亚四个地区份额略有下降，降幅最大的中国香港份额降低了 0.3 个百分点。

中国出口贸易比重最大的前十个国家（地区）中，2020 年出口增速下降的国别（地区）：印度降 10.9%、中国香港降1.6%、日本降 0.3%，这三地的贸易份额也分别降低了 0.4 个百分点、0.6 个百分点、0.2 个百分点，对比其余 7 个国家（地区）的出口均有所上升，增幅最大的英国为 16.7%，越南增幅为16.4%，如表 2.14、图 2.17、图 2.18 所示。中国进口比重最大的前十个国家（地区）中，2020 年进口贸易增速上升最快的是越南，增速为 23.0%；其次是中国台湾，上升 16.9%；美国上

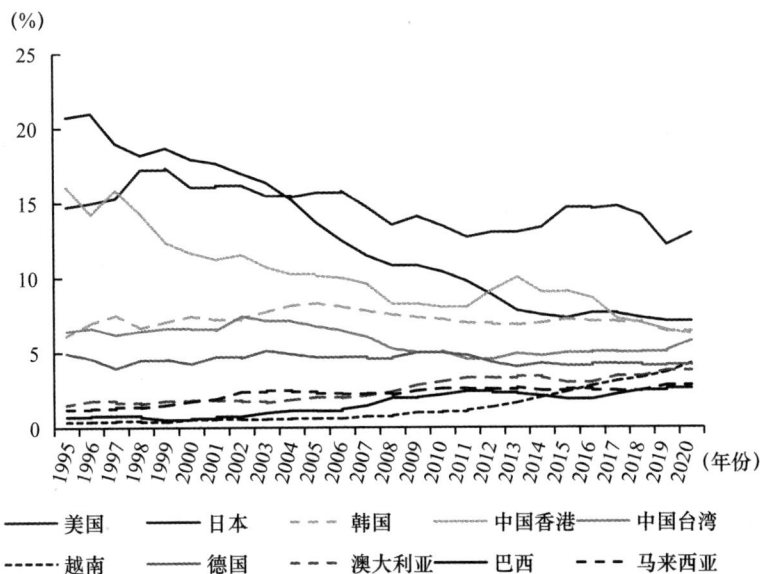

图 2.15 中国货物进出口贸易结构

资料来源：中国海关总署数据库。

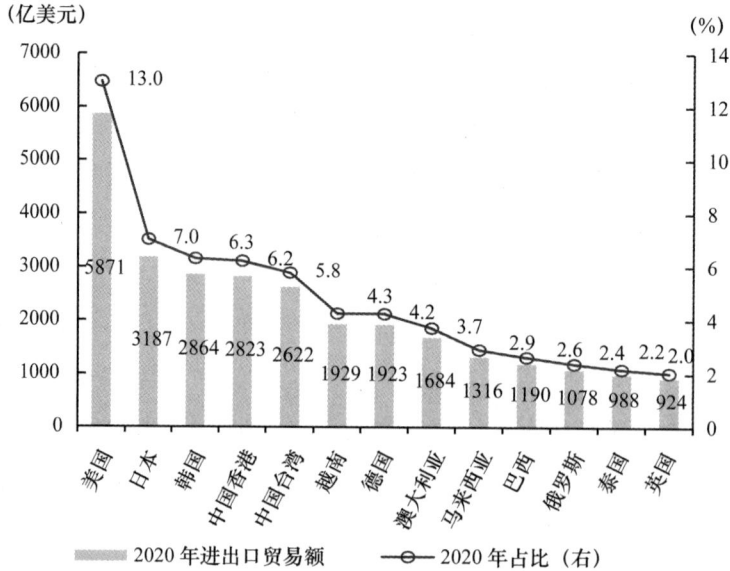

图 2.16　中国货物进出口贸易国别结构

资料来源：中国海关总署数据库。

升 10.4%；进口比重前十国（地区）中 3 个国家进口贸易在下降，分别为韩国降 0.1%、澳大利亚降 4.0%、俄罗斯降 5.1%，如表 2.15、图 2.19、图 2.20 所示。

表 2.13　　　　2020 年中国的国别进出口贸易总额及增长　　（单位：亿美元，%）

	2020 年进出口贸易额	2019 年进出口贸易额	2020 年增速	2020 年进出口占比	2019 年进出口占比	份额变化
美国	5871	5403	8.7	13.0	12.2	0.8
日本	3187	3147	1.3	7.0	7.1	−0.1
韩国	2864	2845	0.6	6.3	6.4	−0.1
中国香港	2823	2887	−2.2	6.2	6.5	−0.3
中国台湾	2622	2279	15.1	5.8	5.1	0.7
越南	1929	1621	19.0	4.3	3.7	0.6
德国	1923	1847	4.1	4.2	4.2	0

续表

	2020年进出口贸易额	2019年进出口贸易额	2020年增速	2020年进出口占比	2019年进出口占比	份额变化
澳大利亚	1684	1677	0.4	3.7	3.8	-0.1
马来西亚	1316	1241	6.0	2.9	2.8	0.1
巴西	1190	1147	3.8	2.6	2.6	0
总计	25409	24094	5.4	56.0	54.4	1.6

资料来源：中国海关总署数据库。

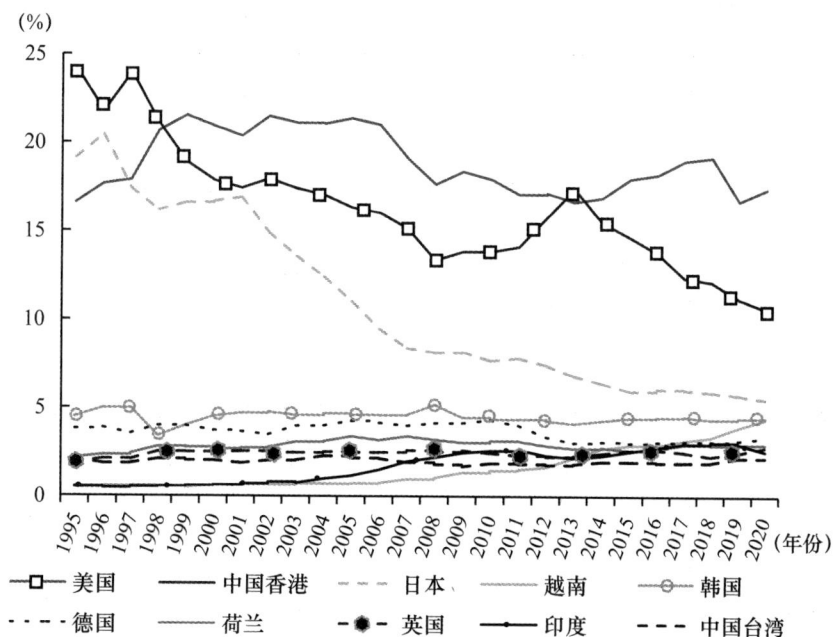

图2.17 中国货物出口贸易结构

资料来源：中国海关总署数据库。

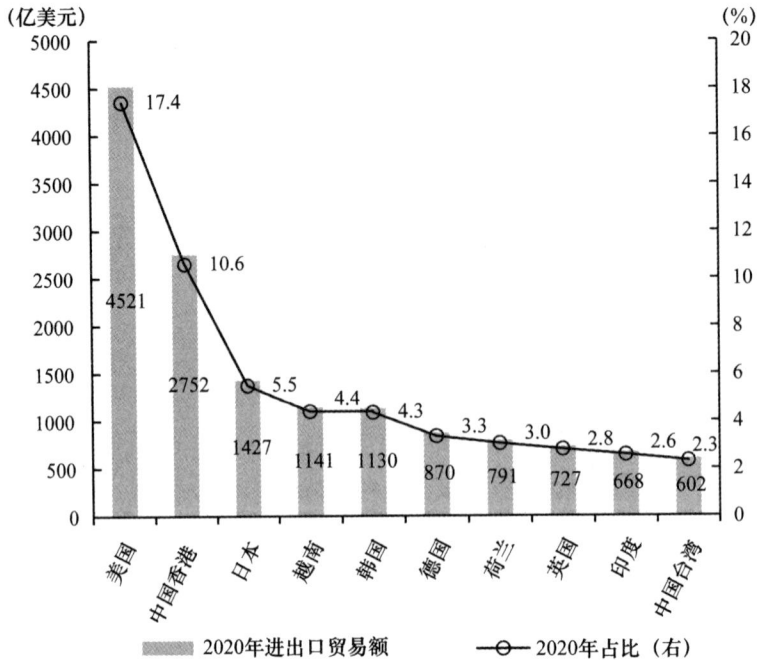

图 2.18　2020 年中国货物出口贸易国别结构

资料来源：中国海关总署数据库。

表 2.14　　　　　2020 中国的国别出口贸易总额及增长　　（单位：亿美元，%）

	2020 年出口贸易额	2019 年出口贸易额	2020 年出口增速	2020 年出口占比	2019 年出口占比	份额变化
美国	4521	4179	8.2	17.4	16.7	0.7
中国香港	2752	2796	− 1.6	10.6	11.2	− 0.6
日本	1427	1432	− 0.3	5.5	5.7	− 0.2
越南	1141	980	16.4	4.4	3.9	0.5
韩国	1130	1110	1.8	4.3	4.4	− 0.1
德国	870	797	9.2	3.3	3.2	0.1
荷兰	791	739	6.9	3.0	3.0	0
英国	727	623	16.7	2.8	2.5	0.3
印度	668	749	− 10.9	2.6	3	− 0.4
中国台湾	602	551	9.2	2.3	2.2	0.1
总计	14629	13956	4.8	56.2	55.8	0.4

资料来源：中国海关总署数据库。

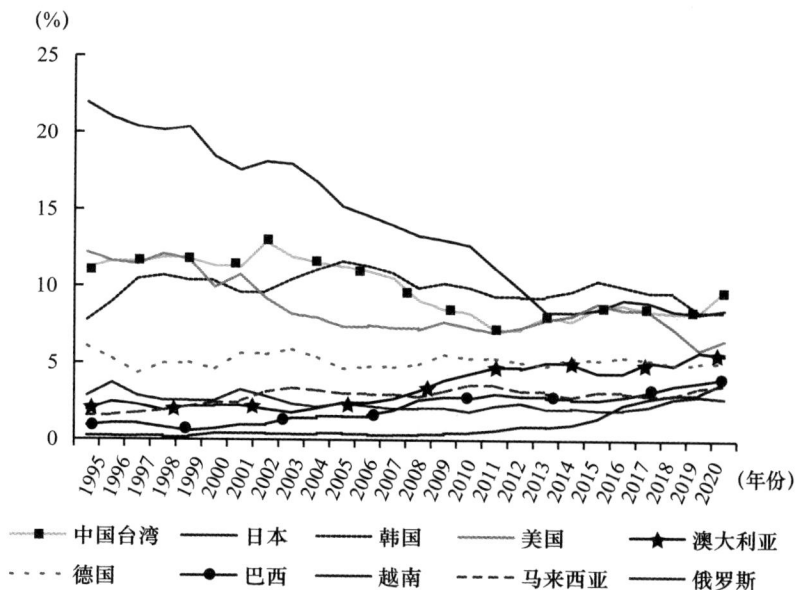

图 2.19 中国货物进口贸易结构

资料来源：中国海关总署数据库。

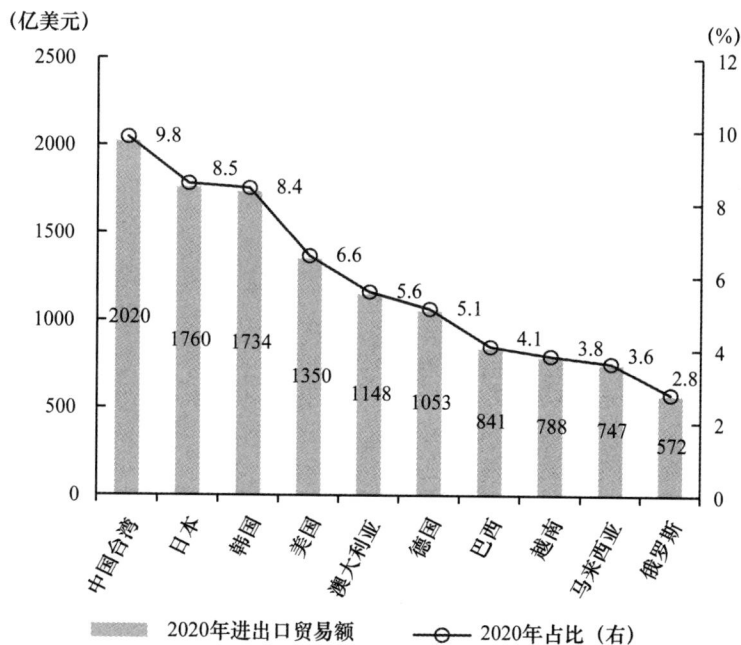

图 2.20 2020 年中国货物进口贸易结构

资料来源：中国海关总署数据库。

表 2.15　　　　　2020 年中国的国别进口贸易总额及增长（单位：亿美元，%）

	2020 年 进口 贸易额	2019 年 进口 贸易额	2020 年 进口 增速	2020 年 进口 占比	2019 年 进口 占比	份额 变化
中国台湾	2020	1728	16.9	9.8	8.4	1.4
日本	1760	1715	2.6	8.5	8.3	0.2
韩国	1734	1736	−0.1	8.4	8.4	0
美国	1350	1223	10.4	6.6	5.9	0.7
澳大利亚	1148	1196	−4.0	5.6	5.8	−0.2
德国	1053	1050	0.2	5.1	5.1	0
巴西	841	792	6.1	4.1	3.8	0.3
越南	788	641	23.0	3.8	3.1	0.7
马来西亚	747	716	4.3	3.6	3.5	0.1
俄罗斯	572	603	−5.1	2.8	2.9	−0.1
总计	12013	11400	5.4	58.3	55.2	3.1

资料来源：中国海关总署数据库。

五　疫情对国别贸易的影响

（一）疫情暴发对国别贸易的影响

2020 年新冠肺炎疫情使各国人民遭受巨大的生命财产损失，截至 2021 年 4 月 1 日，全球累计感染新型冠状病毒人数达 1.29 亿人，累计死亡 281 万人，当日新增超 60 万人。疫情对全球经贸造成了前所未有的冲击，观察 2020 年全球贸易表现，有以下几点发现。

一是对新兴经济体和发达经济体的冲击敏感度呈不对称性特征，对新兴经济体进口、出口贸易增速的影响要小于对发达经济体，而且对新兴国家的影响着重于进口方面，对发达国家则是着重于出口方面。

二是与其他危机一样，此次疫情危机使全球贸易步入下行通道，但危机后，往往会迎来新的增长趋势。一方面是贸易作为流量指标，危机很容易破坏当前的贸易流量基础，从而使未来增长更容易在速度上呈现出更高的水平；另一方面则是扩展性政策的刺激改善了未来的贸易环境。

三是各国在新冠肺炎疫情危机中的贸易重点和贸易结构可能会临时转变。一方面是受到新冠肺炎疫情冲击，各国政府为防控疫情风险展开大封锁，破坏了原有全球供应链的稳定性和持续性，从而也会使商品贸易的结构发生调整；另一方面则是需求偏好的调整，尤其是疫情防控物资，例如药品、防护服等物资在新冠肺炎疫情之下，贸易规模实现前所未有的扩张。这种扩张过程中也暗含了发达国家与发展中国家的技术比较优势：发达国家的防疫物资扩张集中在药品、免疫产品上，尤其是欧洲和美国，而发展中国家更多集中在防护设备如口罩、防护服等产品上。

四是新冠肺炎疫情对中国贸易的影响是巨大的，但中国比外国受冲击的程度更轻、严重态势所持续的时间更短。2020 年2 月，中国正式开启疫情下的严防严控阶段，此时停工停产较大程度上影响了中国的外贸。但国内外疫情发展不同步以及防控措施的差异，使中国在疫情全球流行的早期受到的影响较大，而在正式开启全球大流行后所受的影响相对较小。这是因为中国积极推出复工复产措施以及严防严控措施，使中国外贸产能在危机中得以快速恢复。此外，中国在劳动密集型产业方面有鲜明的比较优势，从而能在疫情之下保持全球领先的防护物资生产能力和贸易能力。2020 年6 月以后，全球疫情大流行，而中国国内疫情已得到良好控制，此后中国的进口和出口开始呈"双升"转变。

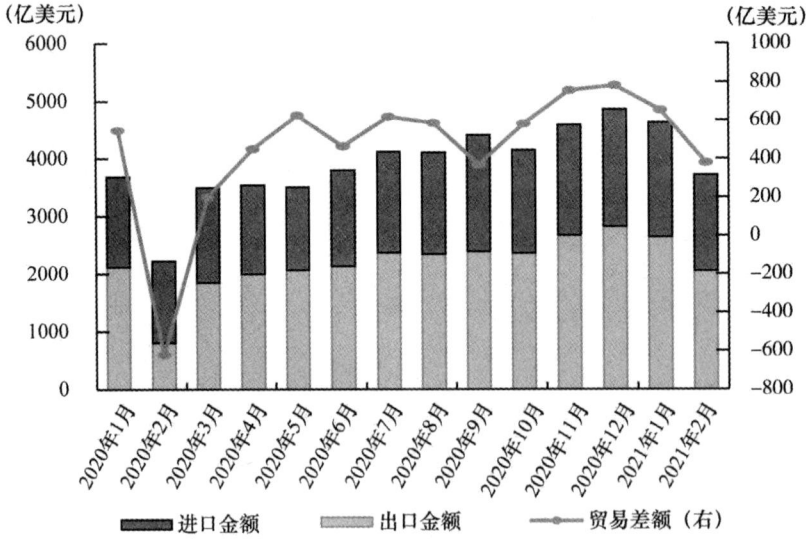

图 2.21   疫情之下中国商品贸易的规模

资料来源：中国海关总署数据库。

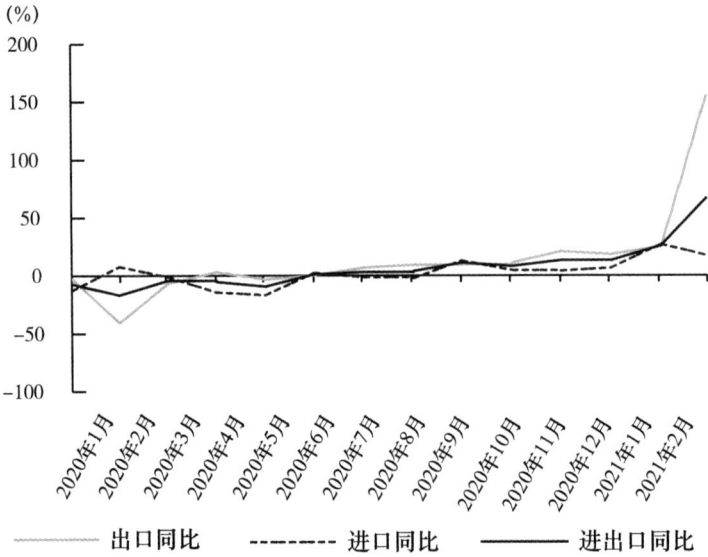

图 2.22   疫情之下中国商品贸易的增速

资料来源：中国海关总署数据库。

从中国对外贸易的国别结构看，疫情冲击之下有以下规律：一是从疫情与出口关系看，中国出口地区的疫情越严重，对该地区的出口增幅也越大。本节按中国出口比重排序，选取累计比重达90%的42个国家（地区）为样本，排除了占比较小而且出口增幅可能会以异常值呈现的国家样本，计算出这些国家2020年新冠病毒感染人数占其总人数的比重，对感染人口比重与中国与之的出口增速做散点图，如图2.23表示，发现感染人口比重更高的国家，中国向其出口的增幅越大。二是从疫情与进口关系看，同样将中国进口比重累计达90%的国家（地区）作为样本观察，发现新冠病毒感染人口比重与从该地区的进口增速呈负相关，即中国从疫情严重的地区进口倾向于减少，但与出口规律相比，进口的这种关系较弱，如图2.24中散点间的线性程度小于图2.23。

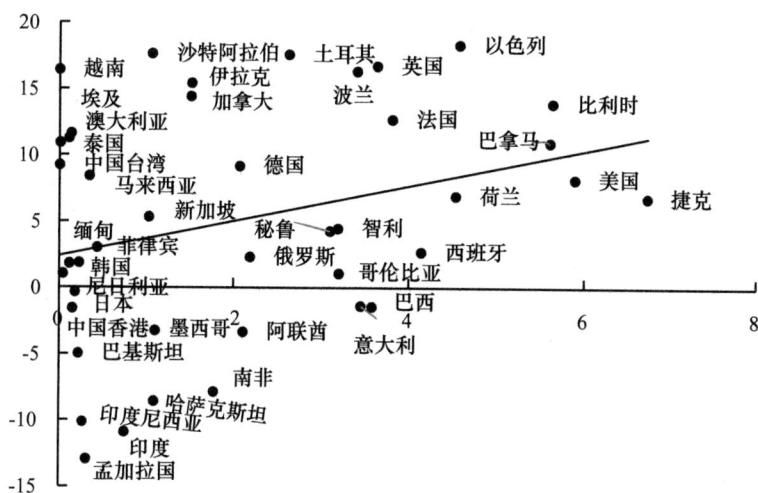

图2.23 出口占中国90%的国家（地区）样本中新冠病毒感染人口
比重与出口增速散点图

资料来源：WHO，中国海关总署数据库。

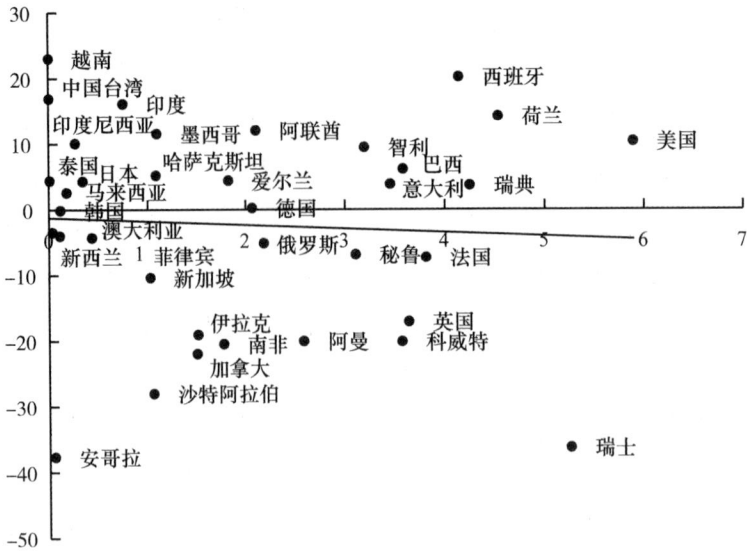

图 2.24　进口占中国 90% 的国家（地区）样本中新冠病毒感染

人口比重与进口增速散点图

资料来源：WHO，中国海关总署数据库。

从疫情影响下中国国别贸易的区域分布来看：一是对各大洲的出口除拉丁美洲微幅下跌之外，其余各大洲呈不同程度的上升，疫情和保护主义没有对中国向欧洲和北美洲的出口造成负面冲击，而且增长动力十分强劲，对北美洲出口增长了 7.6%，对欧洲出口增长了 4.1%。而中国的进口方面，中国从非洲进口大幅下降，该地区四个重要的一体化联盟对华出口呈负增长，平均降幅为 15%。除从西非国家共同体进口比重维持不变以外，从其余各地进口比重均严重下降，平均降幅为 33.5%。二是从一体化区域看，APEC、NAFTA、欧盟以及东盟占据了中国货物贸易的龙头地位，而且也是使中国贸易在 2020 年保持稳定的重要力量，与其余各一体化区域的贸易增速和比重均呈不同程度的下调。受英国脱欧与疫情双重影响，中国与欧盟的进口、出口增速“双降”，进口下降了 13.4%、出口下降了 12.5%，从而东盟与中国的贸易增速以及比重均超过了欧盟。三是东盟一如既往地作为

"一带一路"沿线贸易的中坚力量，在疫情冲击之下进口和出口都表现亮眼，对东盟的出口中，表现亮眼的为越南、新加坡、马来西亚、泰国。四是中国与中东欧16国的贸易在疫情中表现稳健，进口、出口增速"双升"。

（二）未来国别贸易风险判断

一是疫情仍是2021年最重要的风险点。从近期全球疫情走势看，2021年2月19日以来全球日度新增感染人数又呈上升趋势，3月22日以来美国新增感染人数也开始反转1月以来的下调之势，4月1日当日全球新增感染人数超过60万人。当前美国有1/3的成年人、英国有一半的成年人至少接种了一剂疫苗，但许多发展中国家甚至连抗疫一线医护人员都没有接种疫苗。①中国重要的贸易伙伴中新冠肺炎疫情仍然十分严峻，尤其集中在欧洲、北美以及"一带一路"沿线地区。

二是绿色贸易以及低碳贸易将成为今后贸易的重要风险点。2019年美国第116届国会会议上，美国众议院议员亚历山德里娅·奥卡西奥-科尔特斯（Alexandria Ocasio-Cortez）与参议院议员埃德·马基（Ed Markey）共同提交长达14页的"绿色新政"提案。最终，"绿色新政"成为拜登政府《清洁能源革命和环境正义计划》的核心框架，拜登政府欲在未来十年内，通过1.7万亿美元的联邦投资基金，撬动私营部门和地方部门共5万亿美元的资金投资于该计划。该计划明确声称将针对中国"一带一路"、贸易和投资设置"碳壁垒"，可能通过"逼迫+替代"战略对"一带一路"项目双重施压，将"碳壁垒"泛化为政治工具作为制裁中国贸易的新手段，同时将"碳壁垒"作为控制中国企业对美投资的新工具，通过游说盟友、合纵小国

---

① 《多国提出"群体免疫"时间表，中国疫苗接种开始发力》，2021年3月30日，环球网，https：//world. huanqiu. com/article/42VrTxmbcb3。

扩大"碳壁垒"的影响范围等方式干预中国经济与对外贸易。

三是宽松货币政策酝酿债务驱动的经济危机风险。为抗击新冠肺炎疫情，各国推出庞大的财政刺激计划，使全球赤字率以及政府债务率比 2008 年国际金融危机时的增速更快、增幅更大。而疫情未来可能还会持续较长时间，全球可能会陷入高赤字、高负债的局面。以美国为例，拜登政府推出至少 5.6 万亿美元的一系列计划刺激经济。2008 年的国际金融危机使 2009 年美国政府赤字占比上升到 9.8%，本次疫情已使美国政府赤字占GDP 的比重从 2019 年的 4.7% 上升到 2020 年的 16.0%。美国国会预算办公室（CBO）预计 2021 年美国赤字率仍超过 10%。拜登为实现治下目标，将加速改革累进制财税结构，还会继续扩大赤字规模和政府债务规模。全球政府公债比重也在明显上升，2020 年第三季度 G7 集团一般政府公债平均占比从 2019 年同期的 124% 上升到 142%，其中日本为 254%，美国为 150%。美国联邦债务中可出售债券增速从 2019 年的 0.55% 左右上升到 2020年的 1.95%。赤字货币化成为疫情下政府消化债务的重要手段，疫情之下全球货币政策加码，美国、日本、欧盟、英国货币当局的资产负债表大幅扩张，央行赤字货币化问题日益明显。从2021 年 1 月 27 日开始，美联储每月至少以 800 亿美元和 400 亿美元的幅度增持美国公债和抵押贷款支持证券，二者总和占2020 年 12 月美国月度基础货币供应的 23%。疫情以来美联储认购的美国国债存量占资产总额比重也从 55.8% 上升到了64%。2020 年 4 月日本央行宣称将无上限地增持日本政府债券，2021 年 1 月日本银行持有的政府债券占其总资产比重高达 75.8%。

第三章　中国地区贸易分析[*]

本章第一部分为2020年各地区贸易规模和增速的分析。各地区贸易规模的排名大体不变，东部地区大于中西部地区，但中西部地区的发展速度较快。第二部分分析了新冠肺炎疫情对各地区影响的差异。根据2020年第一季度贸易增速的下降幅度和全年增长情况对各地区进行分类，新冠肺炎疫情对各地区的影响具有较大差异。广东、宁夏、青海、新疆等地区受疫情影响较小，全年恢复程度也较低；湖北等地区受疫情影响较大，但贸易迅速恢复，全年维持较高增速；北京和东北、部分西部地区受疫情影响较小，但全年增速较低；部分东部沿海地区和中部地区受疫情影响较低，全年也得以维持较快增速。第三部分为自贸区建设情况。2020年新增了北京、湖南和安徽3个自贸区。第四部分为年度经贸政策对地区贸易的影响分析。新发展格局理念可能会带来对外依存度的降低和区域内贸易的深化，《区域全面经济伙伴关系协定》（RCEP）的签署对山东、辽宁、上海等东部地区与日、韩的贸易，以及云南、贵州等西南地区与东盟的贸易起到推动作用。第五部分为总结和展望。未来各地区贸易结构依然保持相对稳定，中西部地区贸易保持较快增速；随着全球新冠肺炎疫情的缓和，各地区贸易增速将回归其疫情前的长期趋势。"疫经济""宅经济"和基数效应会对2021

年各地区贸易增速产生影响；未来各地区均可能出现贸易依存度的降低，但区域贸易会得以深化和分化；随着 RCEP 在各国逐步生效，山东、辽宁、上海等东部地区与日、韩的贸易，云南、贵州等西南地区与东盟的贸易将得到较快增长。

一　贸易总额及增速的排名

（一）进出口总额情况

2020 年，在中美经贸摩擦和新冠肺炎疫情的叠加影响之下，中国地区贸易结构的基本格局并未发生根本变化，进出口贸易总额排名前 5 位的地区依次为广东、江苏、上海、浙江、北京，该位次在 2017 年之后未发生改变；排名后 5 位的地区为西藏、青海、宁夏、甘肃、贵州，自 2017 年以来，除了西藏和青海位次颠倒之外，其他地区也未发生排名的变化。地区进出口总额排名变化显著的地区为：四川（由第 11 名上升到第 8 名）、辽宁（由第 9 名下降到第 11 名）、湖南（由第 19 名上升到第 14 名）、广西（由第 13 名下降到第 15 名）、山西（由第 24 名上升到第 22 名）（见表 3.1）。

表 3.1　　　　2017—2020 年各地区进出口贸易总额及其排名　　　（单位：亿元）

	2017 年		2018 年		2019 年		2020 年	
	贸易量	排名	贸易量	排名	贸易量	排名	贸易量	排名
广东	10064.76	1	10847.08	1	10361.83	1	10236.34	1
江苏	5911.194	2	6640.429	2	6295.271	2	6427.747	2
上海	4761.228	3	5156.415	3	4938.899	3	5031.895	3
浙江	3778.959	4	4324.765	4	4472.317	4	4879.344	4
北京	3237.192	5	4124.007	5	4161.636	5	3350.397	5
山东	2630.567	6	2923.91	6	2962.989	6	3184.47	6
福建	1710.311	7	1875.353	7	1931.185	7	2026.659	7
四川	681.2148	11	899.366	10	980.6	10	1168.02	8

续表

	2017 年		2018 年		2019 年		2020 年	
	贸易量	排名	贸易量	排名	贸易量	排名	贸易量	排名
天津	1129.442	8	1225.37	8	1066.496	8	1059.314	9
河南	776.1305	10	828.2985	11	824.7438	12	969.1871	10
辽宁	994.4773	9	1144.286	9	1052.796	9	944.5708	11
重庆	666.0392	12	790.4012	12	839.7027	11	941.7635	12
安徽	536.3607	14	629.7422	13	687.49	13	780.4562	13
湖南	360.4434	19	465.2983	19	628.9481	15	705.3494	14
广西	572.1022	13	623.3834	14	682.0919	14	702.8563	15
河北	498.1003	15	538.7795	15	580.4109	16	637.9235	16
湖北	463.0864	16	528.0168	17	571.4573	17	620.8344	17
江西	444.7045	17	482.3567	18	509.2761	19	578.1705	18
陕西	401.4243	18	533.1456	16	510.4973	18	545.1462	19
云南	235.0714	20	298.9473	20	336.9543	20	389.4612	20
黑龙江	188.1046	22	264.112	21	271.0137	21	221.9892	21
山西	171.7225	24	207.7473	22	209.6842	23	218.6584	22
新疆	206.6073	21	200.0996	24	237.1062	22	213.8729	23
吉林	185.3714	23	206.7443	23	189.012	24	184.9325	24
内蒙古	138.967	25	156.8655	25	159.1493	25	150.6525	25
海南	103.6814	26	127.4481	26	131.5306	26	135.3943	26
贵州	81.6011	27	76.00717	27	65.73495	27	79.07748	27
甘肃	50.58871	28	60.00463	28	55.1225	28	53.89082	28
宁夏	50.36462	29	37.80855	29	34.88058	29	17.7906	29
青海	6.553231	31	6.95907	31	5.40462	31	3.30351	30
西藏	8.663172	30	7.23178	30	7.02875	30	3.10532	31

从进出口贸易增速看，2020 年共 19 个地区实现了正增长，12 个地区为负增长。其中增速最高的地区分别为贵州、四川、河南、云南、江西，增速最低的地区为西藏、宁夏、青海、北

京、黑龙江。进出口总额较大的地区，其增速并不是很高，如广东进出口总额排名第1，但增速为－1.21%，排名第21；江苏进出口总额排名第2，但增速为2.10%，排名第18；上海进出口总额排名第3，但增速排名第19。

从地区增速看，中部地区进出口增速较高，东部地区相对较低，东北、部分西部地区增速较低。影响增速差异的因素主要有：（1）部分地区基数较低且进出口波动较大，如贵州2019年增长率为－13.51%，排名第30，低基数带来2020年的超高增速；（2）东部地区的外部依赖程度较高，疫情带来的冲击对其影响最大；（3）中国地区贸易差距有缩小的趋势，中西部地区贸易占比持续提高，在西部大开发战略、"一带一路"倡议、中欧班列等政策红利的影响之下，中西部地区贸易量持续提高。

表3.2　　　　　2017—2020年各地区进出口贸易增速及其排名　　　（单位：%）

	2017 年		2018 年		2019 年		2020 年	
	增长率	排名	增长率	排名	增长率	排名	增长率	排名
贵州	43.33	2	－6.86	29	－13.51	30	20.30	1
四川	38.12	3	32.02	3	9.03	6	19.11	2
河南	9.02	23	6.72	26	－0.43	19	17.51	3
云南	18.18	9	27.17	6	12.71	3	15.58	4
江西	10.97	18	8.47	22	5.58	10	13.53	5
安徽	20.98	6	17.41	11	9.17	5	13.52	6
重庆	6.11	25	18.67	9	6.24	9	12.15	7
湖南	37.32	4	29.09	4	35.17	1	12.15	8
河北	6.83	24	8.17	24	7.73	8	9.91	9
浙江	12.30	17	14.44	13	3.41	11	9.10	10
湖北	17.69	10	14.02	14	8.23	7	8.64	11
山东	12.32	16	11.15	18	1.34	16	7.47	12
陕西	34.17	5	32.81	2	－4.25	22	6.79	13

续表

	2017 年		2018 年		2019 年		2020 年	
	增长率	排名	增长率	排名	增长率	排名	增长率	排名
福建	9.04	22	9.65	19	2.98	13	4.94	14
山西	3.17	27	20.98	8	0.93	17	4.28	15
广西	19.62	8	8.96	20	9.42	4	3.04	16
海南	-8.47	29	22.92	7	3.20	12	2.94	17
江苏	16.01	12	12.34	16	-5.20	24	2.10	18
上海	9.75	21	8.30	23	-4.22	21	1.88	19
天津	10.03	20	8.49	21	-12.97	29	-0.67	20
广东	5.33	26	7.77	25	-4.47	23	-1.21	21
吉林	0.51	28	11.53	17	-8.58	28	-2.16	22
甘肃	-26.42	30	18.61	10	-8.14	27	-2.23	23
内蒙古	19.64	7	12.88	15	1.46	15	-5.34	24
新疆	17.00	11	-3.15	28	18.49	2	-9.80	25
辽宁	14.94	13	15.06	12	-8.00	26	-10.28	26
黑龙江	13.74	15	40.41	1	2.61	14	-18.09	27
北京	14.78	14	27.39	5	0.91	18	-19.49	28
青海	-57.02	31	6.19	27	-22.34	31	-38.88	29
宁夏	53.86	1	-24.93	31	-7.74	25	-49.00	30
西藏	10.80	19	-16.52	30	-2.81	20	-55.82	31

（二）出口情况

2020 年，出口总额排名前 5 位的地区为广东、江苏、浙江、上海、山东，上述地区的出口排名自 2017 年起未发生变化；出口总额排名后 5 位的地区为青海、西藏、甘肃、宁夏、海南，上述地区的排名自 2017 年起只有微小的变化。出口排名变化较大的地区为：四川（由第 12 名提升至第 7 名）、湖南（由第 19 名提升至第 11 名）、安徽（由第 16 名提升至第 12 名）、天津（由第 10 名降低至第 13 名）、辽宁（由第 9 名降低至第 17 名）、河北（由第 14 名降低至第 18 名）。虽然首部和尾部排名较为稳定，但出口总额位于中间位置的地区，其出口的排名变化较为剧烈（见表3.3）。

表3.3　　　　2017—2020 年各地区出口贸易总额及其排名　　　（单位：亿元）

	2017 年		2018 年		2019 年		2020 年	
	贸易量	排名	贸易量	排名	贸易量	排名	贸易量	排名
广东	6227.815	1	6466.759	1	6291.794	1	6283.705	1
江苏	3632.979	2	4040.442	2	3948.305	2	3962.833	2
浙江	2868.913	3	3211.545	3	3345.913	3	3632.674	3
上海	1936.813	4	2071.698	4	1990.01	4	1981.073	4
山东	1471.021	5	1601.398	5	1614.502	5	1890.351	5
福建	1049.343	6	1155.631	6	1201.706	6	1224.049	6
四川	375.5406	12	503.986	10	563.8711	8	672.4816	7
北京	585.0305	7	741.7018	7	750.0408	7	670.1444	8
重庆	425.99	11	513.771	9	538.0391	10	605.2869	9
河南	470.2896	8	537.7911	8	542.1998	9	592.9979	10
湖南	231.7658	19	305.7433	19	445.4565	12	478.6057	11
安徽	304.8164	16	362.0916	13	404.1452	14	455.8376	12
天津	435.6353	10	488.1467	11	437.9491	13	443.6003	13
江西	326.8816	13	339.598	16	362.0892	16	420.8841	14
广西	274.5579	17	327.9902	17	377.466	15	391.8665	15
湖北	304.9926	15	340.8873	14	359.9578	17	390.6079	16
辽宁	449.0194	9	487.9744	12	454.5099	11	383.31	17
河北	313.5882	14	339.8752	15	343.8156	18	364.6391	18
陕西	245.558	18	315.9533	18	272.2194	19	278.8998	19
云南	115.3583	21	128.1208	21	150.2399	21	221.4037	20
新疆	177.2921	20	164.1867	20	180.4432	20	158.3641	21
山西	101.9681	22	122.6981	22	116.9209	22	127.3054	22

续表

	2017 年		2018 年		2019 年		2020 年	
	贸易量	排名	贸易量	排名	贸易量	排名	贸易量	排名
贵州	57.93502	23	51.21362	24	47.40283	26	62.33079	23
黑龙江	51.37276	24	44.49546	27	50.6876	24	52.04858	24
内蒙古	49.35777	25	57.51684	23	54.68715	23	50.40938	25
吉林	44.27635	26	49.44352	25	47.03615	27	42.04481	26
海南	43.66097	27	44.87081	26	49.87045	25	40.14608	27
宁夏	36.50906	28	27.38526	28	21.60024	28	12.51587	28
甘肃	18.34161	29	22.10802	29	19.06725	29	12.37988	29
西藏	4.361664	30	4.28423	31	5.40829	30	1.88094	30
青海	4.237473	31	4.70091	30	2.93533	31	1.77835	31

从出口增速看，2020 年共 19 个地区出口实现正增长，其余 12 个地区为负增长。出口增长率最高的地区为云南、贵州、四川、山东、江西；出口增长率最低的地区为西藏、宁夏、青海、甘肃、海南。出口增长率最低的地区和出口总额最低的地区高度一致，以西部地区为主；但出口增长率较高的地区，除山东之外，均不是出口总额排名靠前的地区，以中西部地区为主（见表3.4）。

表3.4 2017—2020 年各地区出口贸易增速及其排名 （单位：%）

	2017 年		2018 年		2019 年		2020 年	
	增长率	排名	增长率	排名	增长率	排名	增长率	排名
云南	0.46	27	11.06	17	17.26	3	47.37	1
贵州	22.33	6	-11.60	29	-7.44	26	31.49	2
四川	34.44	4	34.20	1	11.88	6	19.26	3
山东	7.25	15	8.86	20	0.82	18	17.09	4
江西	9.64	14	3.89	24	6.62	10	16.24	5

续表

	2017 年		2018 年		2019 年		2020 年	
	增长率	排名	增长率	排名	增长率	排名	增长率	排名
安徽	7.16	16	18.79	9	11.61	7	12.79	6
重庆	4.68	20	20.61	5	4.72	12	12.50	7
河南	9.90	13	14.35	11	0.82	17	9.37	8
山西	2.66	23	20.33	7	-4.71	22	8.88	9
浙江	7.10	17	11.94	13	4.18	13	8.57	10
湖北	17.19	8	11.77	14	5.59	11	8.51	11
湖南	31.17	5	31.92	2	45.70	1	7.44	12
河北	2.56	24	8.38	22	1.16	15	6.06	13
广西	19.59	7	19.46	8	15.08	4	3.82	14
黑龙江	1.86	25	-13.39	30	13.92	5	2.69	15
陕西	55.17	2	28.67	3	-13.84	29	2.45	16
福建	1.21	26	10.13	19	3.99	14	1.86	17
天津	-1.63	28	12.05	12	-10.28	27	1.29	18
江苏	13.79	9	11.22	16	-2.28	19	0.37	19
广东	3.99	22	3.84	25	-2.71	20	-0.13	20
上海	5.56	18	6.96	23	-3.94	21	-0.45	21
内蒙古	12.84	11	16.53	10	-4.92	24	-7.82	22
吉林	5.28	19	11.67	15	-4.87	23	-10.61	23
北京	12.84	12	26.78	4	1.12	16	-10.65	24
新疆	13.60	10	-7.39	28	9.90	9	-12.24	25
辽宁	4.26	21	8.68	21	-6.86	25	-15.67	26
海南	105.70	1	2.77	26	11.14	8	-19.50	27
甘肃	-55.13	30	20.53	6	-13.75	28	-35.07	28
青海	-68.98	31	10.94	18	-37.56	31	-39.42	29
宁夏	46.22	3	-24.99	31	-21.12	30	-42.06	30
西藏	-7.53	29	-1.78	27	26.24	2	-65.22	31

（三）进口情况

2020 年，进口总额排名前 5 位的地区为广东、上海、北京、江苏、山东，除上海和北京有反复逆转之外，上述地区的进口排名自 2017 年起保持不变；进口总额排名后 5 位的地区为西藏、青海、宁夏、贵州、甘肃，上述地区的排名自 2017 年起只有微小的变化。进口排名除吉林由第 18 位降低至第 22 位之外，均变化不大（见表 3.5）。

表 3.5　　　　　2017—2020 年各地区进口贸易总额及其排名　　　（单位：亿元）

	2017 年		2018 年		2019 年		2020 年	
	贸易量	排名	贸易量	排名	贸易量	排名	贸易量	排名
广东	3836.949	1	4380.324	1	4070.036	1	3952.636	1
上海	2824.415	2	3084.717	3	2948.889	3	3050.822	2
北京	2652.162	3	3382.305	2	3411.595	2	2680.253	3
江苏	2278.216	4	2599.987	4	2346.967	4	2464.914	4
山东	1159.546	5	1322.511	5	1348.487	5	1294.119	5
浙江	910.0462	6	1113.22	6	1126.404	6	1246.669	6
福建	660.9684	8	719.7224	8	729.4791	7	802.6099	7
天津	693.8071	7	737.2228	7	628.5466	8	615.7139	8
辽宁	545.4579	9	656.312	9	598.2865	9	561.2608	9
四川	305.6742	11	395.38	10	416.7289	10	495.5378	10
河南	305.8409	10	290.5074	12	282.544	14	376.1891	11
重庆	240.0493	13	276.6302	13	301.6636	12	336.4767	12
安徽	231.5444	14	267.6506	14	283.3448	13	324.6186	13
广西	297.5444	12	295.3932	11	304.6259	11	310.9898	14
河北	184.5122	15	198.9043	17	236.5954	16	273.2844	15
陕西	155.8663	17	217.1922	16	238.2779	15	266.2464	16
湖北	158.0938	16	187.1295	18	211.4994	18	230.2265	17

续表

	2017 年		2018 年		2019 年		2020 年	
	贸易量	排名	贸易量	排名	贸易量	排名	贸易量	排名
湖南	128.6776	20	159.555	20	183.4917	20	226.7437	18
黑龙江	136.7319	19	219.6166	15	220.3261	17	169.9406	19
云南	119.7131	21	170.8265	19	186.7144	19	168.0574	20
江西	117.8229	22	142.7587	22	147.1869	21	157.2865	21
吉林	141.095	18	157.3008	21	141.9758	22	142.8877	22
内蒙古	89.60925	23	99.3487	23	104.4622	23	100.2431	23
海南	60.02039	25	82.5773	25	81.66016	25	95.24818	24
山西	69.75437	24	85.04912	24	92.76337	24	91.35303	25
新疆	29.31513	27	35.91287	27	56.66293	26	55.50877	26
甘肃	32.2471	26	37.89661	26	36.05525	27	41.51094	27
贵州	23.66609	28	24.79354	28	18.33212	28	16.7467	28
宁夏	13.85556	29	10.42329	29	13.28034	29	5.27472	29
青海	2.315758	31	2.25816	31	2.46929	30	1.52517	30
西藏	4.301508	30	2.94755	30	1.62045	31	1.22439	31

从进口增速看，2020 年共 17 个地区出口实现正增长，其余 14 个地区为负增长。进口增长率最高的地区为河南、湖南、四川、海南、河北；进口增长率最低的地区为宁夏、青海、西藏、黑龙江、北京。进口增长较快的地区以中西部地区为主，进口增长较慢的地区为西部地区、东北、北京（见表 3.6）。

表 3.6　　　　　2017—2020 年各地区进口贸易增速及其排名　　　　（单位：%）

	2017 年		2018 年		2019 年		2020 年	
	增长率	排名	增长率	排名	增长率	排名	增长率	排名
河南	7.71	27	-5.01	29	-2.74	22	33.14	1
湖南	49.97	3	24.00	7	15.00	4	23.57	2

续表

	2017 年		2018 年		2019 年		2020 年	
	增长率	排名	增长率	排名	增长率	排名	增长率	排名
四川	42.93	6	29.35	5	5.40	12	18.91	3
海南	-34.80	31	37.58	4	-1.11	21	16.64	4
河北	14.99	22	7.80	24	18.95	3	15.51	5
甘肃	15.68	20	17.52	14	-4.86	24	15.13	6
安徽	45.72	5	15.59	15	5.86	11	14.57	7
陕西	10.59	25	39.35	3	9.71	6	11.74	8
重庆	8.73	26	15.24	16	9.05	10	11.54	9
浙江	32.59	10	22.33	9	1.18	18	10.68	10
福建	24.31	12	8.89	23	1.36	17	10.03	11
湖北	18.65	19	18.37	13	13.02	5	8.85	12
江西	14.82	23	21.16	11	3.10	15	6.86	13
江苏	19.74	14	14.12	18	-9.73	27	5.03	14
上海	12.81	24	9.22	22	-4.40	23	3.46	15
广西	19.64	15	-0.72	27	3.13	14	2.09	16
吉林	-0.89	30	11.49	20	-9.74	28	0.64	17
山西	3.92	29	21.93	10	9.07	9	-1.52	18
新疆	42.92	7	22.51	8	57.78	1	-2.04	19
天津	18.87	18	6.26	25	-14.74	29	-2.04	20
广东	7.58	28	14.16	17	-7.08	25	-2.88	21
山东	19.47	16	14.05	19	1.96	16	-4.03	22
内蒙古	23.75	13	10.87	21	5.15	13	-4.04	23
辽宁	25.52	11	20.32	12	-8.84	26	-6.19	24
贵州	147.26	1	4.76	26	-26.06	30	-8.65	25
云南	42.39	8	42.70	2	9.30	8	-9.99	26
北京	15.22	21	27.53	6	0.87	19	-21.44	27
黑龙江	18.96	17	60.62	1	0.32	20	-22.87	28
西藏	38.69	9	-31.48	31	-45.02	31	-24.44	29
青海	45.86	4	-2.49	28	9.35	7	-38.23	30
宁夏	78.44	2	-24.77	30	27.41	2	-60.28	31

二　疫情对各地区影响的差异

2020年中国贸易呈"V"形走势，即在2020年年初呈显著下降趋势，由于疫情在国内被迅速控制，中国进出口贸易在年中逐步恢复，并在年末实现超高速增长。各地区进出口贸易在第二季度的恢复，取决于实施"六稳""六保"等措施恢复经济的程度，而在第三、第四季度的增长，则取决于该地区是否能够满足世界因疫情而带来的超额需求，尤其是"疫经济""宅经济"，以及对疫情严重地区的贸易替代。各地区的比较优势和国际竞争力的差异，将决定该地区全年度的贸易增势。

因此，疫情对各地区的冲击也可以分解为两部分：一是疫情高峰期对进出口贸易的冲击，二是全年的进出口贸易恢复情况。本报告认为第一季度是疫情的主要影响时期，因此以2020年第一季度进出口的增速与2017—2019年的平均增速的差异衡量疫情的冲击状况，以2020年全年的增速衡量各地区全年的恢复情况，根据二者排名的中位数进行区分，可以将各地区划分为四种类型：1. 第一季度受疫情影响较大、全年增速较低的地区；2. 第一季度受疫情影响较大、全年增速较高的地区；3. 第一季度受疫情影响较小、全年增速较低的地区；4. 第一季度受疫情影响较小、全年增速较高的地区。

（一）第一季度受疫情影响较大、全年增速较低的地区

包括广东、宁夏、青海、新疆4个地区。由于第一季度的影响较大，上述地区在年初月度增速就位于低位；由于全年增长率也较低，上述地区的月度增速在全年内也维持在低位。各地区月度增速的变化趋势如图3.1所示。

(%)

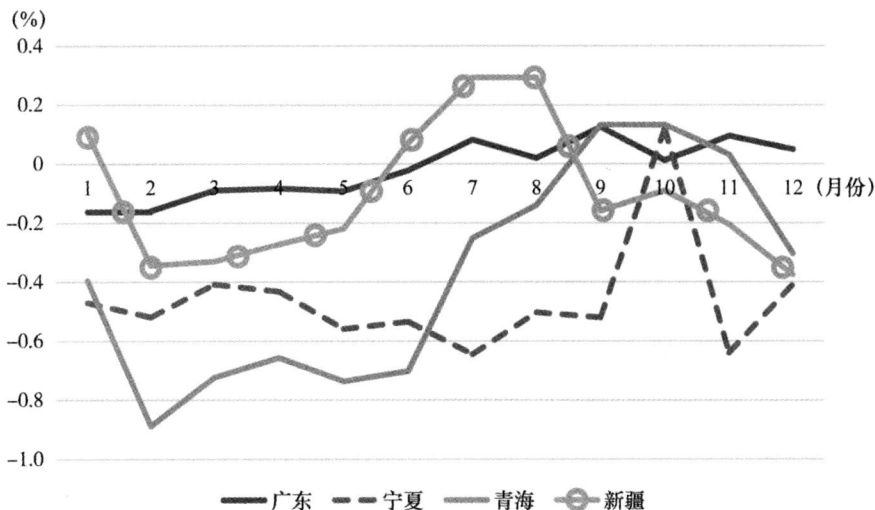

图3.1　2020年类型1地区的月度增速变化趋势

　　造成上述现象的原因在于地区之间也存在差异。宁夏、青海、新疆作为西部地区，其进出口贸易水平较低，增长率也长期处于低位，因此全年较低的增速体现了其长期趋势。广东由于经济对外依赖度较高，在第一季度受国内外的双重影响较大；在第二、第三、第四季度，虽然国内复工复产状况良好，但全球经济低迷，造成广东全年进出口增速恢复困难。

（二）第一季度受疫情影响较大、全年增速较高的地区

　　包括广西、贵州、海南、湖北、江苏、天津、浙江、重庆8个地区。上述地区第一季度受疫情影响较大，而疫情控制之后经济恢复情况较好，因此呈现出年初进入"V"形谷地，并在之后持续上扬的趋势（见图3.2）。

　　上述地区主要可以分为以下几类：（1）湖北省2020年第一季度受疫情影响最大、负面影响持续时间最长，但在2020年下半年，湖北的进出口贸易迅速恢复并持续上扬；（2）以浙江为代表的地区，经济外向型程度较高，因此第一季度受疫情影响

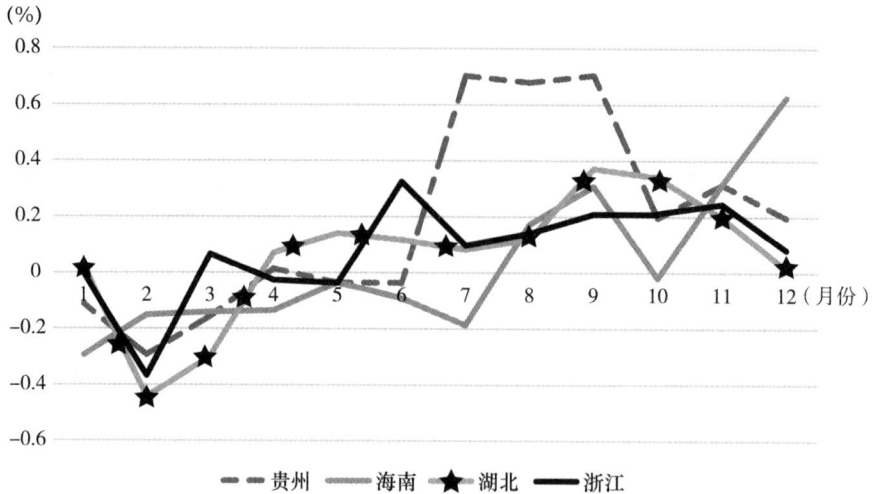

图 3.2　2020 年部分类型 2 地区的月度增速变化趋势

也较大，但全年贸易恢复状况较好；（3）以贵州为代表的地区，2020 年下半年贸易的上扬部分取决于国际竞争力和贸易政策的红利，部分取决于基期较低的增长基数。

（三）第一季度受疫情影响较小、全年增速较低的地区

包括北京、黑龙江、吉林、辽宁、内蒙古、西藏 6 个地区。这些地区全年进出口增速的波动较小，但维持在较低的位置。主要为东北地区、西部地区和北京市（见图 3.3）。

东北地区和西部地区受疫情影响相对较小，同时经济对外依赖度也较低，因此 2020 年第一季度受疫情的影响相对较轻微，但其进出口贸易长期处于较低的增速之中，因此第二季度之后也难以实现贸易的恢复。北京市全年受疫情影响，贸易增速也维持在低位，其中进口受到的负面影响显著大于出口。

（四）第一季度受疫情影响较小、全年增速较高的地区

包括安徽、福建、甘肃、河北、河南、湖南、江西、山东、山西、陕西、上海、四川、云南 13 个地区。上述地区的贸易增

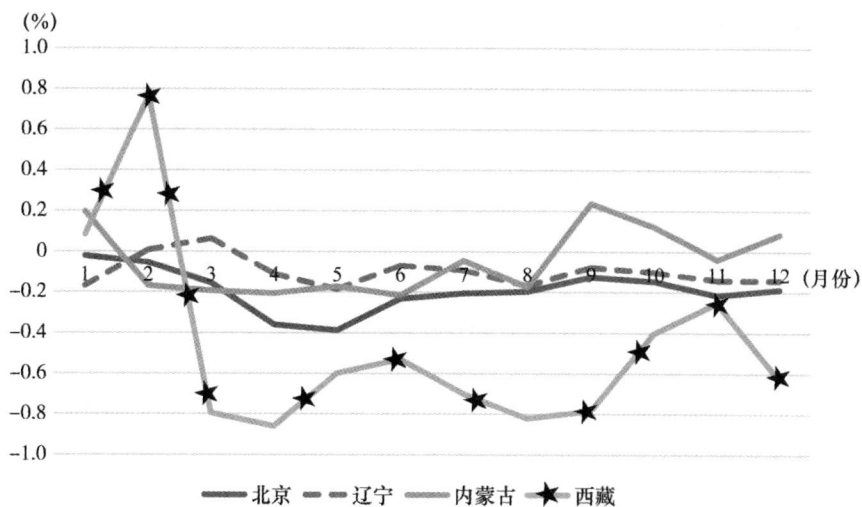

图 3.3　2020 年部分类型 3 地区的月度增速变化趋势

速全年维持在较高位置，且波动性较弱，"V"形上扬的时间较早或者"V"形谷底较浅，在 2020 年下半年普遍呈现上扬趋势（详见图 3.4）。

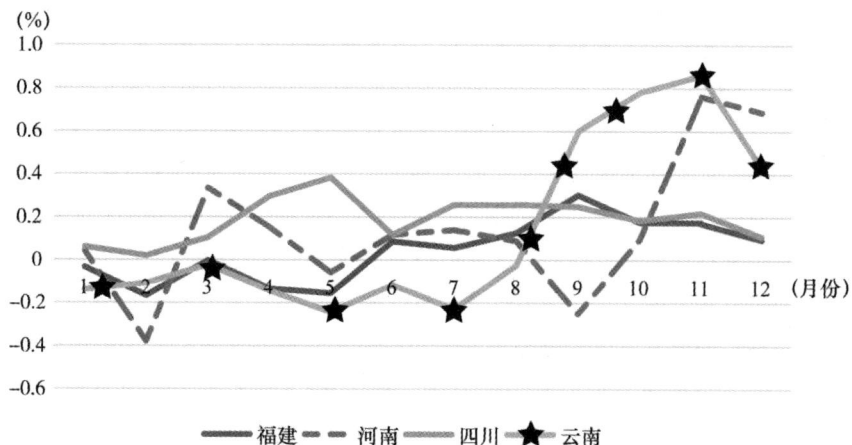

图 3.4　2020 年部分类型 4 地区的月度增速变化趋势

上述地区可以分为以下类型：（1）以上海、山东、福建为代表的东部沿海地区，在前期受疫情影响较小，在 2020 年下半年充分发挥国际竞争优势，实现了贸易的恢复和高速增长；（2）以河南、四川为代表的中西部地区，近年来依托中国贸易战略和发展战略的红利，迅速培养起新的竞争优势；（3）云南充分发挥了其区位优势，借助 RCEP 的签署，积极发展与东南亚国家的贸易，其进出口贸易在 2020 年下半年取得了瞩目的发展。

三　2020 年的自贸区建设

2013—2020 年，中国自贸区由 1 个扩展到 21 个（见表 3.7），占全部地区数量的 2/3。2020 年新增了北京、湖南和安徽 3 个自贸区。

表 3.7　　　　　　　　各自贸试验区基本信息

	成立时间	区划	GDP（亿元）	人均 GDP（元/人）	进出口总额（亿美元）
上海	2013 年	华东	37987.6	156587	5031.895
广东	2015 年	中南	107986.9	94448	10236.34
天津	2015 年	华北	14055.5	90058	1059.314
福建	2015 年	中南	42326.6	106966	2026.659
辽宁	2017 年	东北	24855.3	57067	944.5708
浙江	2017 年	华东	62462	107814	4879.344
河南	2017 年	华中	53717.8	55825	969.1871
湖北	2017 年	华中	45429	76712	620.8344
重庆	2017 年	西南	23605.8	75828	941.7635
四川	2017 年	西南	46363.8	55472	1168.02
陕西	2017 年	西北	25793.2	66649	545.1462
海南	2018 年	华南	5330.8	56740	135.3943
山东	2019 年	华东	70540.5	70129	3184.47
江苏	2019 年	华东	98656.8	122398	6427.747
广西	2019 年	华南	21237.1	42964	702.8563

续表

	成立时间	区划	GDP（亿元）	人均GDP（元/人）	进出口总额（亿美元）
河北	2019年	华北	34978.6	46182	637.9235
云南	2019年	西南	23223.8	47944	389.4612
黑龙江	2019年	东北	13544.4	36001	221.9892
北京	2020年	华北	35445.1	164563	3350.397
湖南	2020年	华中	39894.1	57746	705.3494
安徽	2020年	华东	36845.5	58072	780.4562

注：GDP和人均GDP为2019年数据，进出口贸易为2020年数据。

北京自贸区包含科技创新、国际商务服务、高端产业三个片区，共119.7平方公里。主要任务和措施为：1. 推动投资贸易自由化、便利化；2. 深化金融领域开放创新；3. 推动创新驱动发展；4. 创新数字经济发展环境；5. 高质量发展优势产业；6. 探索京津冀协同发展新路径；7. 加快转变政府职能。

湖南自贸区包含长沙、岳阳、郴州三个片区，共119.8平方公里。主要任务和措施为：1. 加快转变政府职能；2. 深化投资领域改革；3. 推动贸易高质量发展；4. 深化金融领域开放创新；5. 打造联通长江经济带和粤港澳大湾区的国际投资贸易走廊；6. 探索中非经贸合作新路径、新机制；7. 支持先进制造业高质量发展。

安徽自贸区包含合肥、芜湖、蚌埠三个片区，共119.9平方公里。主要任务和措施为：1. 加快转变政府职能；2. 深化投资领域改革；3. 推动贸易高质量发展；4. 深化金融领域开放创新；5. 推动创新驱动发展；6. 推动产业优化升级；7. 积极服务国家重大战略。

四　年度经贸政策与地区贸易发展

（一）新发展格局与地区贸易发展

面对新冠肺炎疫情的冲击，以及国内国际的新格局，党的十九届五中全会提出，要加快构建以国内大循环为主体、国内国际双循环相互促进的新发展格局。

新的发展格局理念可能会对地区贸易产生如下影响。

1. 为应对不利的国际环境，减少外部风险，各地区，尤其是对外依存度较大的地区，均会呈现不同程度的对外依存度下降趋势。

2. 区域一体化程度加深，在贸易上可能会呈现区域内部差距拉大的趋势。

3. 为中西部地区的发展与开放提供新的机遇。

（二）RCEP与地区贸易发展

2020年11月，中国与东盟10国、日本、韩国、澳大利亚、新西兰共计15个国家签署了《区域全面经济伙伴关系协定》（RCEP），建成了世界上经贸规模最大的自由贸易区。

RCEP既包含日本、韩国等发达经济体，也包括东盟的发展中国家，有利于实现资源和比较优势的互补，加深分工合作，对中国与缔约国多层次、多领域的经贸合作起到极大的推动作用。对区域贸易的影响如下。

1. 在中日韩自贸协定尚未谈成之时，RCEP的签署对中日韩区域一体化，尤其是中日贸易的发展起到极大的推动作用。具有区位优势或经贸联系密切的地区，如山东、辽宁、上海等，对日本、韩国的贸易将得到提升。

2. 与东盟地区经贸合作的加深，将带动中国西南地区贸易的发展。西南地区的经济发展水平和开放水平相对较低，与东盟地区的贸易合作将对其经贸发展产生极大的推动作用。事实上，2020年云南、贵州的出口增速分别位于第1位和第2位，对我国与东盟地区的经贸发展起到了关键作用。

五 总结和未来展望

2020年，各地区贸易规模的排名大体不变，东部地区大于中西部地区，但中西部地区的发展速度较快，区域贸易结构更加平衡。2020年，新冠肺炎疫情对各地区的影响具有较大差异，广东、宁夏、青海、新疆等地区受疫情影响较大，全年恢复程度也较低；湖北等地区受疫情影响较大，但贸易迅速恢复，全年维持较高增速；北京和东北、部分西部地区受疫情影响较小，但全年增速较低；部分东部沿海地区和中部地区受疫情影响较小，全年也得以维持较快增速。2020年新增了北京、湖南和安徽3个自贸区。新发展格局理念可能会带来对外依存度的降低和区域内贸易的深化，RCEP的签署对山东、辽宁、上海等东部地区与日本、韩国的贸易，以及云南、贵州等西南地区与东盟的贸易起到推动作用。

各地区未来的发展趋势如下。

1. 各地区贸易结构依然保持相对稳定，东部地区大于中西部地区。

2. 中西部地区贸易保持较快增速，区域贸易结构进一步优化。

3. 随着全球新冠肺炎疫情的缓和，各地区贸易增速将回归其疫情前的长期趋势。

4. 2021年，"疫经济"和"宅经济"依然对中国构成贸易红利，在纺织、医疗、机电等产品方面具有比较优势的地区将获得更大的增长空间。

5. 基数效应会对2021年全年增速尤其是第一季度增速带来

影响，受疫情影响较大的地区在 2021 年会呈现出虚高的增速。

6. 受国内外局势的影响，未来各地区均可能出现贸易依存度的降低，但区域贸易会得以深化和分化。

7. 2021 年之后，随着 RCEP 在各国逐步生效，山东、辽宁、上海等东部地区与日本、韩国的贸易，云南、贵州等西南地区与东盟的贸易将得到较快增长。

第四章 中国对外贸易的商品结构分析[*]

    2020 年，面对国内外严峻复杂的形式和新冠肺炎疫情全球大流行的冲击，中国货物贸易进出口呈现出显著的波动，但总体形势好于预期。2020 年，中国对外贸易总额达到 46524.49 亿美元，比 2019 年增长 1.63%；其中出口额为 25902.62 亿美元，比 2019 年增长 3.63%；进口额为 20621.87 亿美元，同比下降 0.78%。

    从贸易结构上看，疫情冲击下中国"世界工厂"的地位进一步巩固，进出口贸易占世界市场份额创历史最高纪录。中国出口产品不断向价值链上游攀升，机电产品稳居中国出口第一大类，2020 年出口增长 5.63%，出口占比约为 60%，与 2019 年相比提高了 1.1 个百分点。劳动密集型产品出口增长 8%，包括口罩在内的纺织品、医疗器械、药品合计增长了 31%，拉动整体出口增长 1.9 个百分点。疫情相关的"宅经济"，如家电、电脑等电子产品、办公用品、厨房用品等出口增长显著，出口的笔记本电脑、平板电脑、家用电器合计增长了 22.1%，拉动整体出口增长 1.3 个百分点。从重点进口产品来看，主要进口产品包括金属矿产品和机电及其零部件两大类，装备制造设备、高新技术产品进口额度依然较高。此外，2020 年，中国粮食及

---

    * 本章作者为张琳、王维薇。

猪肉等农产品进口增长幅度较大。2020 年，中国实现累计货物贸易顺差 5337.12 亿美元，比 2019 年增加顺差 1126.39 亿美元。

一　中国对外贸易的商品结构概况

（一）中国出口商品结构分析

2020 年中国货物贸易总出口规模为 25902.6 亿美元，与 2019 年相比持续增长，增长幅度为 3.63%。虽然受新冠肺炎疫情全球大流行的影响，世界各国纷纷出现出口下降的情况，但是中国却扭转了 2019 年出口增幅不大的颓势，逆势上扬，进出口在国家市场的份额创历史最高纪录。中国疫情防控常态化促进复工达产取得佳绩，贸易大国地位进一步巩固。2020 年中国出口主要呈现以下特点。

第一，机电产品和纺织制品是中国出口最为主要的两大类产品。2020 年，机电产品出口 15411.1 亿美元，占中国总出口的 59.5%，与 2019 年同期相比增长 5.63%，较 2019 年同期提升 1.1 个百分点。按照海关总署的划分，传统劳动密集型产品包括：服装及衣着附件、纺织纱线、织物及制品、鞋类、家具、塑料制品、箱包和玩具。2020 年，劳动密集型产品出口 5477.78 亿美元，占中国总出口的 21%，与 2019 年同期相比增长 8%。中国货物贸易出口规模①最大的是第十六类：机电、音像设备及其零件、附件，占中国总出口的 49%，2020 年出口额达 11503 亿美元，同比增长 5.82%；出口规模排名第二的是第十一类：纺织原料及纺织制品，占中国总出口的 12%，2020 年出口额为 2807 亿美元，同比增长 7.85%。其余类别商品出口超过 1000 亿美元的包括：杂项制品、贱金属及其制成品、化学工

---

① 本书按照 HS 分类，筛选出口金额占比超过 2% 的商品类别作为主要研究对象。

业及其产品、塑料橡胶制品以及车辆、航空器、船舶及运输设备等，但这些类别产品的出口份额均不到10%。

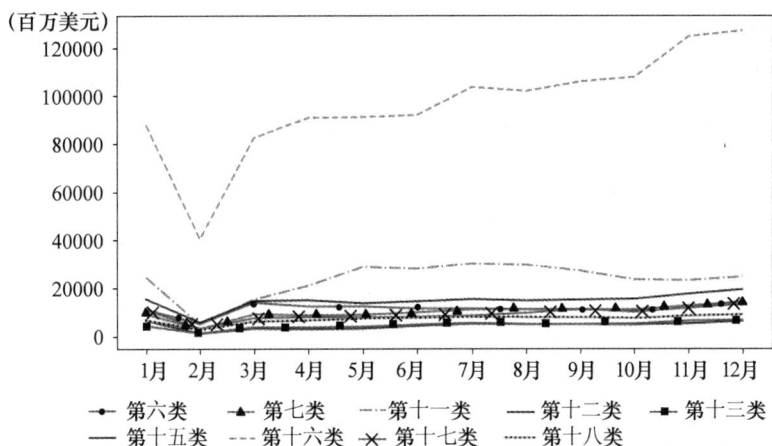

图 4.1　按照 HS 分类 2020 年中国主要出口产品的月度出口额

注：第六类　化学工业及其相关工业的产品；第七类　塑料及其制品，橡胶及其制品；第十一类　纺织原料及纺织制品；第十二类　鞋帽伞等，已加工的羽毛及其制品，人造花，人发制品；第十三类　石料、石膏、水泥、石棉、云母及类似材料的制品，陶瓷产品，玻璃及其制品；第十五类　贱金属及其制品；第十六类　机电、音像设备及其零件、附件；第十七类　车辆、航空器、船舶及运输设备；第十八类　光学、医疗等仪器，钟表，乐器。

资料来源：Wind 数据库。

从月度数据看，第一季度（特别是 2 月）中国几乎所有商品出口均大幅下降，第二季度开始止跌企稳，第三、第四季度全面反弹。1—2 月，中国服装、纺织品、塑料制品、家具、鞋靴、箱包、玩具、钢材、手机、自动数据处理设备及其零部件等商品的出口均出现 20% 左右的下滑。第七类塑料及其制品，橡胶及其制品的出口波动呈现明显的周期性。2 月，塑料和橡胶制品出口大幅下降 44.24%，而第二季度出口开始平稳复苏，11 月实现全年最高月度增长，出口增速接近 40%。2 月，第十一类纺织原料及纺织制品出口下降 61.66%，3 月同比下降 13.22%，第二季度开始恢复高速增长。4—11月，平均出口增速超过15%。需要特别指出的是，包含口罩在内的第63章"其他纺织制成品"在第二季度和第三季度的出口呈现飞速增长，平均月增长接近300%，5月单月增速更高达517%，突破历史纪录。这凸显了中国在较短时间内有效地控制住了疫情，及时复工复产，确保了供给能力的快速恢复。此外，仍有一些产品的出口情况并未恢复至疫情之前，如第十二类"鞋帽伞等，已加工的羽毛及其制品，人造花，人发制品"全年平均出口增速为－18.86%，增长水平较低。这主要是受疫情影响，为减缓疾病的传播，切断了很多运输通道、物流受阻所致。同时，此类产品大多弹性较高，疫情造成的居家隔离，非生活必需品的市场需求大幅下降。

　　总体上看，中国2020年出口最多的十六类产品占比与"十三五"的前四年相比，提高了近2%（见表4.1），说明出口进

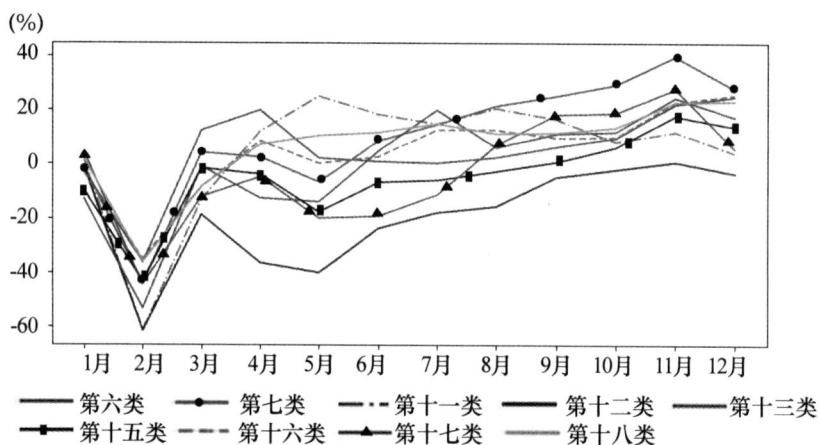

图4.2　按照HS分类2020年中国主要出口产品的月度增速趋势

注：第六类　化学工业及其相关工业的产品；第七类　塑料及其制品，橡胶及其制品；第十一类　纺织原料及纺织制品；第十二类　鞋帽伞等，已加工的羽毛及其制品，人造花，人发制品；第十三类　石料、石膏、水泥、石棉、云母及类似材料的制品，陶瓷产品，玻璃及其制品；第十五类　贱金属及其制品；第十六类　机电、音像设备及其零件、附件；第十七类　车辆、航空器、船舶及运输设备；第十八类　光学、医疗等仪器，钟表，乐器。

资料来源：Wind数据库。

一步集聚于优势产品。2021 年 1—2 月中国出口持续增长，保持上升趋势。但不同产品的增长差异性凸显：一部分产品出口占比在第二季度出现了提升，如钢铁、有机化学品等生产原材料、初级产品等出口增长更快，这是因为世界其他国家生产的逐步恢复拉动了对生产原材料的需求，预计 2020 年下半年世界各地的生产能力和对原材料的需求将进一步提高。另一部分产品出口占比显著下降，比如第 63 章纺织制成品、成套物品、旧衣着及旧纺织品和碎织物，这代表着防疫物资需求的下降，疫情造成的出口商品结构性变化将逐渐弱化。

表 4.1　　　　　2020—2021 年中国出口前十六类产品及其份额　　　（单位：%）

HS 编码	详细名目	2020 年	2020 年第一季度	2020 年第二季度	2020 年第三季度	2020 年第四季度	2021 年 1 月	2021 年 2 月
85	电机、电气、音像设备及其零附件	27.43	27.21	25.75	27.18	29.31	27.10	27.01
84	核反应堆、锅炉、机械器具及零件	16.98	16.91	18.36	16.50	16.32	16.54	17.68
94	家具；寝具等；灯具；活动房	4.27	3.56	3.97	4.38	4.68	4.71	4.29
39	塑料及其制品	3.76	3.58	3.67	3.74	3.82	4.00	3.93
90	光学、照相、医疗等设备及零附件	3.08	3.09	3.33	3.11	2.95	2.85	3.03
87	车辆及其零附件，但铁道车辆除外	3.04	3.11	2.61	2.92	3.11	3.46	3.85
73	钢铁制品	2.74	2.74	2.88	2.67	2.70	2.80	2.63
95	玩具、游戏或运动用品及其零附件	2.73	1.70	2.15	3.65	3.08	2.65	2.38
63	纺织制成品、成套物品、旧衣着及旧纺织品和碎织物	2.70	1.15	5.74	3.09	1.60	1.50	1.53
61	针织或钩编的服装及衣着附件	2.39	2.27	1.83	3.00	2.37	2.37	2.39

HS 编码	详细名目	2020 年	2020 年第一季度	2020 年第二季度	2020 年第三季度	2020 年第四季度	2021 年 1 月	2021 年 2 月
62	非针织或非钩编的服装及衣着附件	2.36	2.19	2.36	2.98	2.04	2.11	2.09
29	有机化学品	2.21	2.89	2.48	1.86	1.85	2.20	2.42
64	鞋靴、护腿和类似品及其零件	1.51	1.73	1.20	1.55	1.45	1.77	1.65
72	钢铁	1.32	1.75	1.36	1.04	1.17	1.36	1.62
27	矿物燃料、矿物油及其蒸馏产品，沥青物质，矿物蜡	1.25	2.45	1.22	0.82	0.94	1.06	1.42
98	特殊交易品及未分类商品	0.97	0.59	0.71	0.91	1.25	1.42	1.21
	前十六类商品	78.74	76.92	79.62	79.40	78.64	77.90	79.13

资料来源：Wind 数据库。

（二）中国进口产品结构分析

2020 年中国货物贸易总进口规模为 20601.87 亿美元，比 2019 年稍有下降，下降幅度为 0.78%，这主要是由于新冠肺炎疫情全球大流行导致的国外供给能力下降和交通运输受阻，同时也因为中国市场需求的下降。但得益于中国有效的疫情防控和快速的复工复产，进口的下降幅度并不是很大。下文选取进口金额占比超过 1.3% 的商品大类用于比较分析，2020 年中国进口呈现出以下主要特点。

第一，中国进口主要商品较为集中，包括金属矿产品和机电及其零部件两大类。按照 HS 产品分类，即第五类矿产品和第十六类机电、音像设备及其零件、附件，这两类商品进口额占到 2020 年中国进口总额的 60%，但这两类产品的进口表现不尽相同。第十六类机电、音像设备及其零件、附件的进口规模受疫情影响不大，2020 年逆势上涨，进口额达 7407.1 亿美元，同比增长 7.71%。根据中国海关总署统计数据，2020 年机电产品总进口达 9491.5 亿美元，同比增长 4.5%。其中，集成电路，如电子元件、半导体制造设备等单项产品占比最高，进口额达 3500.4 亿美元，同比增长 14.6%；其次为自动数据处理设备及其零部件，进口额达 535.46 亿美元，同比增长 7.4%。而第五类矿产品进口受疫情影响下降显著，2020 年进口达 4544.6 亿美元，同比下降 12.5%。其中，原油进口达 1763.21 亿美元，同比下降 27.3%；成品油进口达 117.9 亿美元，同比下降 30.9%；天然气进口达 96.5 亿美元，同比下降 19.8%；煤及褐煤进口达 202.4 亿美元，同比下降 13.5%。中国疫情防控常态化后，生

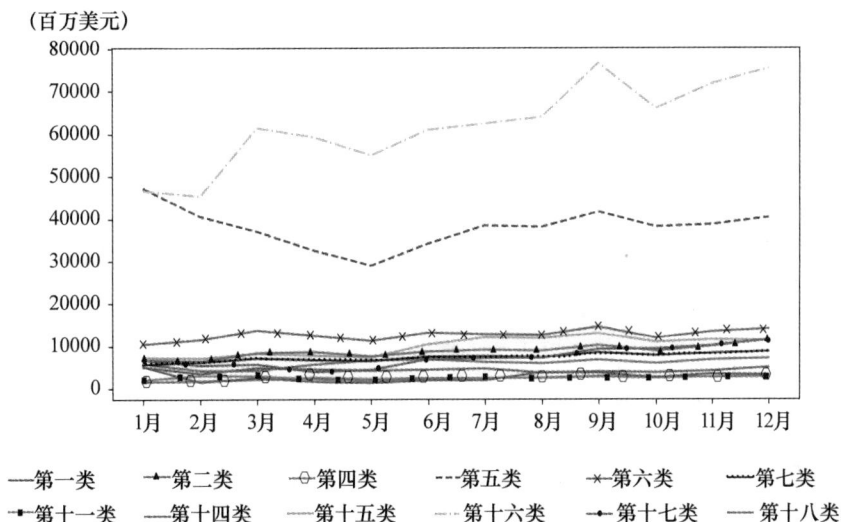

图 4.3 按照 HS 分类 2020 年中国主要进口产品的月度进口规模趋势

注：第一类 动物、动物产品；第二类 植物产品；第四类 食品饮料、酒及醋，烟草及制品；第五类 矿类品；第六类 化学工业及其相关工业的产品；第七类 塑料及其制品，橡胶及其制品；第十一类 纺织原料及纺织制品；第十二类 鞋帽伞等，已加工的羽毛及其制品，人造花，人发制品；第十三类 石料、石膏、水泥、石棉、云母及类似材料的制品，陶瓷产品，玻璃及其制品；第十四类 珠宝、贵金属及制品，仿首饰，硬币；第十五类 贱金属及其制品；第十六类 机电、音像设备及其零件、附件；第十七类 车辆、航空器、船舶及运输设备；第十八类 光学、医疗等仪器，钟表，乐器。

资料来源：Wind 数据库。

产恢复效果显著，进口有所提振，铁矿砂及其精砂 2020 年进口达 118.9 亿美元，同比增长 17.4%，进口增长扭转为正。总体来看，大宗商品和生产性原材料的进口并未恢复至疫情之前的水平，主要产品进口出现不同程度的下降，拖累了总进口增长。

第一，从进口增速看，2020 年主要产品进口上半年波动较大，下半年波动较小且增速稳步提升。最典型的是第十六类"机电、音像设备及其零件、附件"和第二类植物产品，进口增速波动较大。2020 年 1 月机电产品进口负增长，经历复苏、反弹、波动，5 月再次为负增长，第四季度终于保持为两位数的正增长，9 月实现 20.79% 的同比增长率，拉动了全年机电产品的进口。第二类植物产品的增速变化相似，经过短暂波动后，第二季度和第四季度实现了两位数的增长，其中 6 月单月最高增

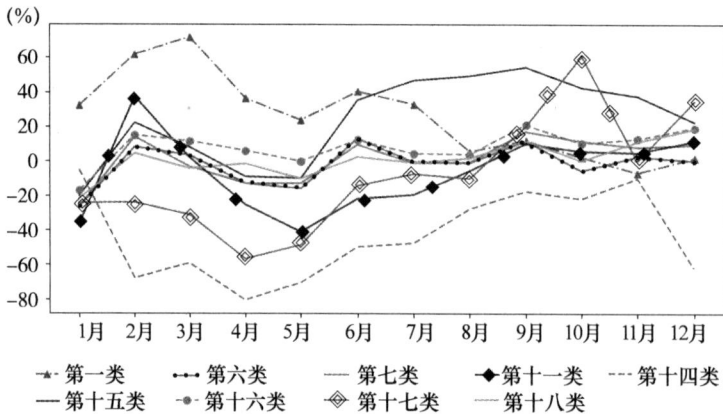

图 4.4　按照 HS 分类 2020 年中国主要进口产品的月度增速趋势

注：第二类　动物、动物产品；第六类　化学工业及其相关工业的产品；第七类　塑料及其制品，橡胶及其制品；第十一类　纺织原料及纺织制品；第十二类　鞋帽伞等，已加工的羽毛及其制品，人造花，人发制品；第十三类　石料、石膏、水泥、石棉、云母及类似材料的制品，陶瓷产品，玻璃及其制品；第十四类　珠宝、贵金属及制品，仿首饰，硬币；第十五类　贱金属及其制品；第十六类　机电、音像设备及其零件、附件；第十七类　车辆、航空器、船舶及运输设备；第十八类　光学、医疗等仪器，钟表，乐器。

资料来源：Wind 数据库。

长 58.9%。而第五类矿产品和第一类动物、动物产品的表现恰恰相反，呈现"高开低走"的态势。2 月进口矿产品单月同比增长 10%，随后连续 10 个月负增长，5 月进口最大幅度减少 33.8%，全年矿产品进口额负增长。尽管第一类动物、动物产品进口额实现增长，但增速却每月递减，11 月单月进口减少 6.89%，打破了继 2017 年 6 月以来连续 30 个月的正增长。相类似的是，第十四类"珠宝、贵金属及制品，仿首饰，硬币"进口也在每月递减。第十七类车辆、航空器、船舶及运输设备受进口数量的影响，增速波动更为显著，上半年深度收缩，而下半年又恢复两位数的正增长。

第二，总体上看，按照 HS 两位码统计，2020 年第二季度至第四季度是主要进口占比较多的时期，即这一时期的进口产品更为集中（见表 4.2）。例如，2020 年全年第 85 章电机、电气、音像设备及其零附件的进口占到中国进口总额的 26.77%，第二季度开始超过 27%，第四季度更是超过了 28%，2021 年前两个月，该产品的进口占比稳定在 25% 左右，而"十三五"前四年，该产品的进口占比平均仅为 24.76%；但是第 27 章"矿物燃料、矿物油及其蒸馏产品，沥青物质，矿物蜡"的进口占比则出现了明显的下降，从第一季度的 18.17% 下降到第四季度的 10.64%，但在 2021 年 2 月上升为 15.93%，该产品在"十三五"前四年的进口占比平均为 14.55%。

表 4.2　　　2020—2021 年中国进口最多的十六类产品及占比　　（单位：%）

HS 编码	详细名目	2020 年	2020 年第一季度	2020 年第二季度	2020 年第三季度	2020 年第四季度	2021 年 1 月	2021 年 2 月	2016—2019 年
85	电机、电气、音像设备及其零附件	26.77	24.03	27.39	27.05	28.22	25.79	24.58	24.76
27	矿物燃料、矿物油及其蒸馏产品，沥青物质，矿物蜡	12.99	18.17	11.89	12.00	10.64	12.80	15.93	14.55

续表

HS编码	详细名目	2020年	2020年第一季度	2020年第二季度	2020年第三季度	2020年第四季度	2021年1月	2021年2月	2016—2019年
84	核反应堆、锅炉、机械器具及零件	9.32	8.91	10.15	9.51	8.81	9.05	8.64	9.31
26	矿砂、矿渣及矿灰	8.74	8.28	8.26	8.94	9.32	9.53	11.68	6.78
90	光学、照相、医疗等设备及零附件	4.83	4.43	5.14	4.76	4.97	4.23	4.07	5.13
87	车辆及其零附件，但铁道车辆除外	3.59	3.37	2.77	3.73	4.30	3.89	3.78	4.03
39	塑料及其制品	3.45	3.25	3.70	3.40	3.46	3.45	3.07	3.62
74	铜及其制品	2.36	2.01	2.17	2.77	2.42	2.28	2.38	2.13
29	有机化学品	2.22	2.67	2.31	2.09	1.92	2.16	2.26	2.94
12	油籽、种子仁、工业或药用植物、饲料	2.18	1.83	2.57	2.25	2.09	0.08	0.07	2.18
72	钢铁	1.79	1.39	1.67	2.20	1.82	1.67	1.66	1.10
30	药品	1.70	1.76	1.83	1.69	1.54	1.59	1.53	1.41
71	天然或养殖珍珠、贵金属及制品、仿首饰、硬币	1.55	1.93	1.00	1.66	1.58	1.35	1.08	3.75
02	肉及食用杂碎	1.47	1.66	1.65	1.34	1.29	1.42	1.32	0.65
33	精油及香膏，芳香料制品及化妆盥洗品	0.99	0.76	1.14	1.05	1.01	0.93	0.88	0.55
44	木及木制品，木炭	0.98	0.94	1.04	1.04	0.91	0.86	0.81	1.18
	前十六类商品	84.94	85.38	84.67	85.49	84.28	81.08	83.75	84.07

资料来源：Wind 数据库。

（三）贸易余额分析

2020 年，中国实现累计货物贸易顺差 5337.12 亿美元，比 2019 年增加顺差 1126.39 亿美元，全年只有 2 月出现逆差 619.43 亿美元，其余月份均为顺差，其中 12 月顺差幅度最大，为 781.74 亿美元。从 HS 分类来看，第五类矿产品全年逆差，逆差额度均超过 80 亿美元，第十一类纺织原料及纺织制品，第十六类机电、音像设备及其零件、附件和第二十类杂项制品均属于顺差规模较大的品类，而且从趋势上看，每季度均实现了顺差的增加。

按照 HS 两位码产品类别划分，可以看出：全年顺差最大的产品种类是以第 84 章核反应堆、锅炉、机械器具及零件和第 85 章电机、电气、音像设备及其零附件为代表的工业制成品，说明中国强大的全产业链竞争优势为疫情后的复工达产及出口提供了重要的动力；全年逆差最大的种类是以第 27 章矿物燃料、矿物油及其蒸馏产品，沥青物质，矿物蜡为代表的初级产品和以第 90 章光学、照相、医疗等设备及零附件为代表的精密仪器，一定程度上反映出中国在工业生产过程中原材料的短缺，以及在专业技术领域与世界先进国家之间的差距。

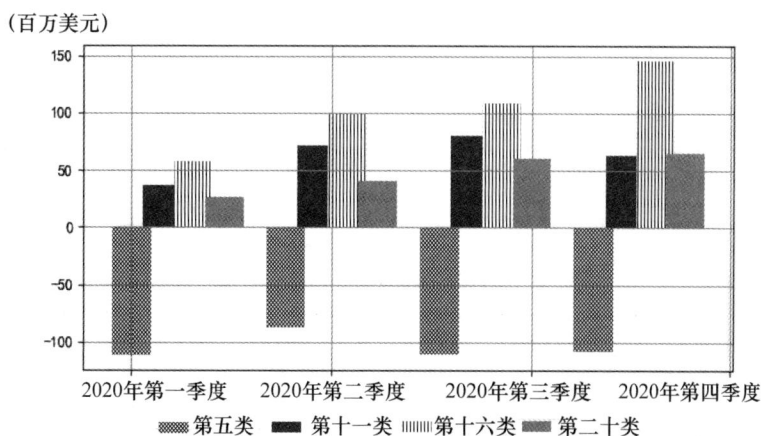

图 4.5　按照 HS 分类 2020 年中国主要产品贸易差额

注：第五类　矿产品；第十一类　纺织原料及纺织制品；第十四类　珠宝、贵金属及制品，仿首饰，硬币；第十六类　机电、音像设备及其零件、附件；第二十类　杂项制品。

资料来源：Wind 数据库。

表 4.3　　　　　2020 年中国货物贸易顺差最多的十类产品　　　（单位：亿美元）

HS 编码	详细名目	2020 年	2020 年第一季度	2020 年第二季度	2020 年第三季度	2020 年第四季度	2021 年 2 月
84	核反应堆、锅炉、机械器具及零件	666.64	648.49	777.93	474.86	666.64	648.49
85	电机、电气、音像设备及其零附件	322.38	437.61	683.58	346.27	322.38	437.61
94	家具，寝具等，灯具，活动房	240.17	303.9	360.55	207.36	240.17	303.9
63	其他纺织制成品，成套物品，旧衣着及旧纺织品，碎织物	354.6	218.52	124.68	70.21	354.6	218.52
95	玩具、游戏或运动用品及其零附件	127.97	253.82	236.02	114.99	127.97	253.82
73	钢铁制品	155.44	165.04	187.11	111.55	155.44	165.04
61	针织或钩编的服装及衣着附件	106.91	203.11	176.32	104.29	106.91	203.11
62	非针织或非钩编的服装及衣着附件	138.43	198.54	146.03	89.42	138.43	198.54
64	鞋靴、护腿和类似品及其零件	61.7	92.34	97.76	69.41	61.7	92.34
39	塑料及其制品	55.63	77.55	101.82	66.19	55.63	77.55

资料来源：Wind 数据库。

表 4.4　　　　　2020 年中国货物贸易逆差最多的十类产品　　　（单位：亿美元）

HS 编码	详细名目	2020 年	2020 年第一季度	2020 年第二季度	2020 年第三季度	2020 年第四季度	2021 年 2 月
27	矿物燃料、矿物油及其蒸馏产品，沥青物质，矿物蜡	-727.12	-478.27	-606.72	-537.92	-463.19	-727.12
26	矿砂、矿渣及矿灰	-380.26	-380.09	-491.66	-529.69	-380.46	-380.26
74	铜及其制品	-76.42	-87.34	-139.27	-121.05	-71.1	-76.42
12	油籽，种子仁，工业或药用植物，饲料	-77.92	-112.5	-119.6	-110.94	-66.42	-77.92
02	肉及食用杂碎	-75.5	-75.28	-72.74	-72.1	-49.29	-75.5

HS 编码	详细名目	2020 年	2020 年第一季度	2020 年第二季度	2020 年第三季度	2020 年第四季度	2021 年 2 月
30	药品	−60.87	−48.46	−63.84	−43.89	−17.24	−60.87
90	光学、照相、医疗等设备及零附件	−58.61	−32.67	−42.29	−53.62	−14.65	−58.61
47	木浆及其他纤维状纤维素浆，纸及纸板的废碎品	−39.3	−39.9	−43.43	−45.3	−28.57	−39.3
33	精油及香膏，芳香料制品及化妆盥洗品	−25.13	−40.94	−42.9	−44.01	−24.74	−25.13
71	天然或养殖珍珠、贵金属及制品，仿首饰，硬币	−61.47	−9.13	−45.14	−17.36	−10	−61.47

资料来源：Wind 数据库。

二　疫情下中国进出口商品结构的新变化

新冠肺炎疫情作为"国际关注的突发公共卫生事件"，对全球贸易产生了巨大的冲击，2020 年中国进出口的商品结构产生了一些新变化，主要包括：第一，机电产品、装备制造设备、高新技术产品贸易占比较高；第二，防疫物资进出口激增；第三，农产品贸易的重要性凸显。

（一）高技术产品贸易的商品结构特征

2020 年中国高技术产品进出口总额为 1458.883 亿美元，较 2019 年同比增长 6.6%，其出口占当年中国对外贸易总出口的 3.7%，进口占中国对外贸易总进口的 2.6%。高技术产品的贸易与各国的生产紧密关联，是各国嵌入全球价值链的重要体现，因此这一类产品的贸易规模、贸易结构和贸易增速尤为重要。

从细分产品种类来看，在高技术产品的出口中，计算机与通信技术的出口占比最高为 62.9%，其次电子技术的出口占比为 23.8%；在高技术产品的进口中，电子技术的进口占比最高为 58.3%，其次计算机与通信技术占比为 17.9%。其余种类的高技术产品，无论进口或出口都占比相对较小。

从出口增长速度来看，高技术产品（除其他技术）中，生命科学技术的增长速度最快，2020 年实现了 23.46% 的增长幅度；生物技术次之，增速为 22.56%。而航空航天技术的增幅出现了明显下滑，2020 年出口减少 27.06%；光电技术的增幅也有所下降，下降幅度为 1.64%。从进口增速来看，生物技术的进口增速最为明显，2020 年的增速为 43.94%；电子技术的进口增速次之，为 13.58%，大部分产品进口增速低于 10%；而航空航天技术、生命科学技术和其他技术的进口出现了负增长，其中航空航天技术的进口降速最为明显，为 34.88%。

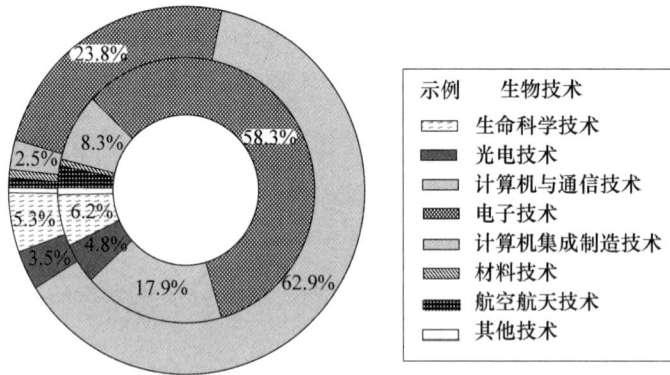

图 4.6　2020 年中国高技术产品贸易的产品细分

注：内环为进口、外环为出口。

资料来源：Wind 数据库。

从出口波动幅度上来看，其他技术的季度同比增长率波动幅度最大，从第一季度的 6.34% 增长到第四季度的 93.33%，航空航天技术的波动幅度次之，全年四个季度的同比波动幅度高于 60%。总体上看，材料技术的出口每个季度都有下降，而且下降的幅度在不断扩大。从进口波动幅度上来看，其他技术进口的波动幅度较大,从第一季度的 -55.24% 波动到第四季度的 10.00%；此外生物技术的波动幅度更为明显,从第一季度的 93.35%,下跌至 -26.47%。

表4.5 2020 年各季度中国高新技术产品出口及同比增长率

(单位：百万美元,%)

	出口额				同比增长率			
	2020 年第一季度	2020 年第二季度	2020 年第三季度	2020 年第四季度	2020 年第一季度	2020 年第二季度	2020 年第三季度	2020 年第四季度
生物技术	775.63	1181.16	1005.20	1163.40	-3.63	40.32	19.71	36.06
生命科学技术	556.75	599.69	754.82	791.38	-16.36	-12.19	2.70	19.16
光电技术	8454.46	11682.54	12974.22	15888.90	-18.24	7.58	10.72	14.53
计算机与通信技术	3738.67	4317.28	4994.69	5514.75	2.02	7.33	10.58	24.81
电子技术	358.31	489.81	531.16	606.82	-14.02	5.42	11.88	22.07
计算机集成制造技术	161.87	164.39	184.06	200.35	0.51	-5.05	3.51	11.56
材料技术	174.77	148.62	148.97	172.53	-7.51	-26.13	-24.45	-41.87
航空航天技术	14.52	32.13	22.46	34.21	-0.95	38.62	5.89	62.00
其他技术	24.56	27.56	25.02	43.09	6.34	3.20	-3.81	93.33

资料来源：Wind 数据库。

表4.6 2020 年各季度中国高新技术产品进口及同比增长率

(单位：百万美元,%)

	出口额				同比增长率			
	2020 年第一季度	2020 年第二季度	2020 年第三季度	2020 年第四季度	2020 年第一季度	2020 年第二季度	2020 年第三季度	2020 年第四季度
生物技术	14075.53	16005.23	18581.17	19846.72	-0.38	4.69	9.45	14.61
生命科学技术	116.87	95.83	103.36	116.63	48.12	35.72	29.46	63.69

	出口额				同比增长率			
	2020年第一季度	2020年第二季度	2020年第三季度	2020年第四季度	2020年第一季度	2020年第二季度	2020年第三季度	2020年第四季度
光电技术	940.72	1035.63	1124.71	1166.56	−3.35	−6.33	6.85	1.94
计算机与通信技术	676.31	817.76	907.4	915.5	−20.39	−7.06	3.84	12.37
电子技术	2392.99	2755.20	3245.16	3858.09	−1.02	3.24	2.08	15.16
计算机集成制造技术	8192.44	9414.41	11060.07	11300.91	8.62	11.97	15.26	17.22
材料技术	1212.37	1396.34	1585.14	1475.32	−1.24	5.54	17.96	8.56
航空航天技术	108.87	128.6	138.16	140.83	−2.54	3.91	0.94	9.14
生物技术	25.89	15.15	21.1	29.67	93.35	3.20	−18.97	−26.47
其他技术	409.06	346.31	396.06	843.2	−55.24	−50.09	−42.49	10.00

资料来源：Wind 数据库。

（二）医疗用品和防疫物资

根据 WTO 2020 年发布的《应对新冠肺炎疫情背景下的医疗产品贸易报告》的目录，可分析个人防护产品、医院和实验室用品、药品和医疗技术等产品的贸易情况。2020 年，中国出口全部抗疫物资共计 546.43 亿美元，同比增长 206.8%，占全球抗疫物资总出口的 28.9%，与 2019 年全球出口占比 12% 相比，翻了一倍。与疫情相关的四类产品出口占中国总出口的比重从 2019 年的 2.1% 上升到 4.8%。

以口罩为例，2020 年国际贸易出现疫情期间的"新常态"。中国是世界上最大的供应商，2020 年口罩总出口达 700 亿美元，超过全球口罩供应额的 50%，中国口罩占美国和意大利口罩总进口的 75%，占日本口罩总进口的 80%。同时，中国从其他国家也进口了口罩生产的中间材料。2020 年 3—4 月中国进口无纺布（HS 560311、HS 650391）激增，与 2019 年进口增速相比，翻了一倍。

中国海关总署数据显示，2020年上半年，中国出口医药材及药品769.1亿元人民币，比2019年同期增长23.6%。中国医药品月度出口值呈明显增长态势，尤其是2020年4—5月出口激增，出口值创新高。6月小幅回落但仍保持高位，出口151.6亿元，增长36.7%。

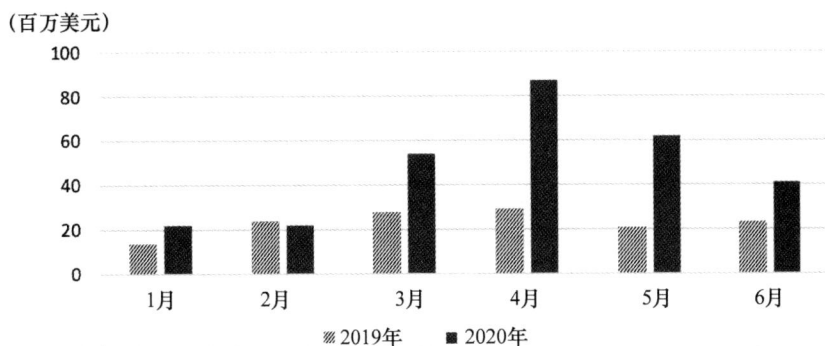

图 4.7 中国医疗用品及药品出口

资料来源：WTO 2020年发布的《应对新冠肺炎疫情背景下的医疗产品贸易报告》。

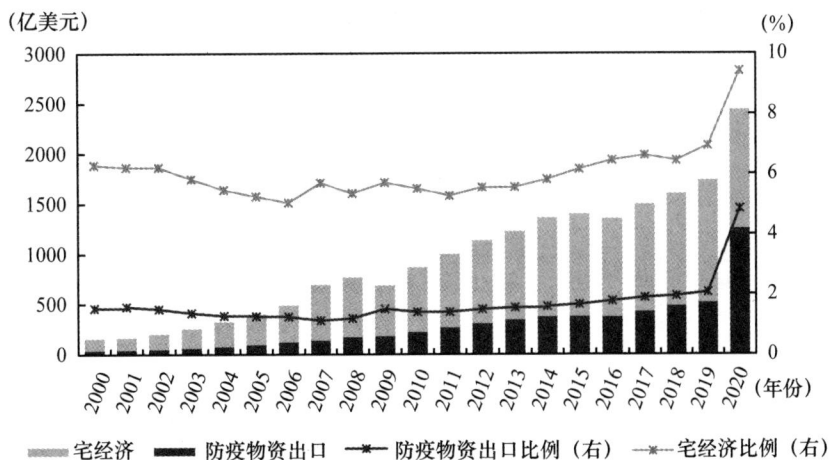

图 4.8 宅经济与物资出口及比重

注：宅经济主要包括家电、电脑等电子产品、办公用品、厨房用品、玩具、家居用品、宠物用品等。

资料来源：UN Comtrade 数据库和中国海关总署数据库。

（三）农产品

2020 年，中国农产品贸易额 2468.3 亿美元，同比增长 8%。其中，进口 1708 亿美元，增长 14%；出口 760.3 亿美元，减少 3.2%；贸易逆差 947.7 亿美元，扩大 32.9%。进口激增和逆差扩大的重要原因在于中美第一阶段协定的执行。根据协定，中方承诺：在农产品方面，在 2017 年基数之上，2020 年中国自美采购和进口规模不少于 125 亿美元，2021 年自美采购和进口规模不少于 195 亿美元。

2020 年，中国自美国进口农产品总额达 236 亿美元，约占中国农产品总进口的 13.8%。2020 年，中国肉类进口额同比增长 59.6%。其中，猪肉进口 439 万吨，同比增长 108.3%；牛肉进口 212 万吨，同比增长 27.7%。2020 年，中国粮食总进口数量同比增长 28%，进口额同比增长 21.1%。其中，大豆进口 10033 万吨，大豆进口量首次突破 1 亿吨，同比增长 13.3%。自美国

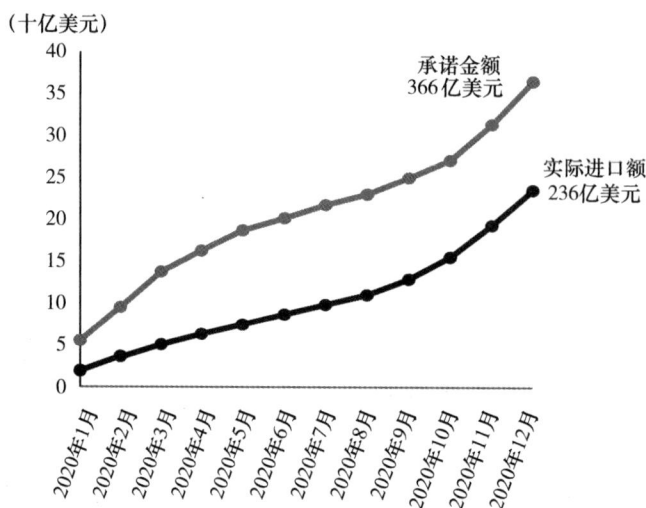

图 4.9   2020 年中国自美国进口农产品

资料来源：PIIE，"US-China Phase One Tracker：China's Purchases of US Goods"，March 2021。

（十亿美元）

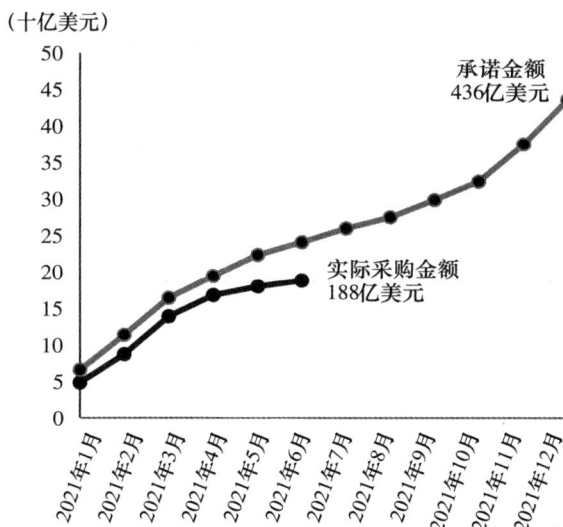

图 4.10　2021 年中国自美国进口农产品

资料来源：PIIE，"US-China Phase One Tracker：China's Purchases of US Goods"，March 2021。

进口大豆 2588.8 万吨，同比增长 52.8%，占中国大豆总进口的 25.8%；玉米进口 1130 万吨，同比增长 135.7%；小麦进口 838 万吨，同比增长 140.2%。2020 年下半年，随着中美协定的落实，自美国进口的重点农产品增长显著。2020 年，中国进口乳品 337.3 万吨，与 2019 年相比同比增长 10.2%，价值 865.8 亿元，进口额增长 7%。其中，自美国进口量同比增长 55.1%，增长最为显著。

三　中国对外贸易商品结构的变化趋势及预测

长期来看，中国出口的商品结构受中国产业结构、出口竞争力等供给侧因素的影响，而短期则主要受世界市场需求侧的影响。中国进口商品结构则受中国经济发展和消费需求的影响；短期内，受大宗商品价格因素的影响更加显著。

表 4.7　　　　　　　　中国进出口商品结构的变动情况

	出口			进口	
	纺织服装 轻工产品	机电产品	疫情相关 医疗产品	大宗商品 （油气等）	机电产品
短期	+	+	+	+	+
长期	−	+	−	N. A.	N. A.

从出口结构看，后疫情时期纺织服装等劳动密集型产品的出口仍具有增长性；但长期来看，随着全球产业链重新布局、中国产业不断升级，劳动密集型产品出口所占比重将进一步缩减。机电产品未来仍将在较长时间内是中国出口第一大类产品，其所占比重将进一步提高。医疗产品、医药器械等防疫产品的出口，在 2021 年将小幅缩减，最终将从峰值回归平均值。具体表现包括以下几点。

第一，2022 年国际市场逐步回暖，外部需求复苏拉动中国出口，疫情冲击将逐渐弱化，全球产业布局重构作用凸显。中国是全球纺织服装产业链最健全的国家，已经成为全球纺织服装制造中心，2021 年中国纺织服装品在美国、欧盟、日本市场所占的比重均有所提高。预计 2022 年，海外市场需求复苏，将拉动纺织服装产品出口量和出口额的"双升"。2021 年 1—2 月，中国纺织服装累计出口 461.8 亿美元，其中纺织品出口增长 60.8%，服装出口增长 50.0%。从出口份额上看，下半年如疫情稳定，越南等东南亚国家生产能力恢复，价格优势凸显，将挤占一部分中国产品的全球份额，中国纺织服装品出口的全球份额可能有小幅下降；同时，中国纺织服装业产业升级、低端生产环节外迁，纺织服装的出口在中国总出口中的比重也将进一步呈现趋势性的下降。

第二，中国已经连续 12 年保持全球机电产品出口第一大国地位，2021 年第一季度机电产品出口额为 428631717 千美元，同比增长 53.5%，增长势头强劲。2021—2022 年疫情平稳后，汽车、手机等市场需求反弹，预计将拉动中国机电产品出口的增长。长期来看，包括集成电路、自动数据处理设备及零部件、家用电器等产品的出口趋势向好，中国机电产品出口逐步实现从整机向零部件的结构变化，低附加值生产环节向外迁移，资本密集型、技术密集型的高附加值产业环节更多地留在国内。

第三，2020 年年底海外疫情反复，口罩、防护服、药品、消杀用品等防疫物品的出口额持续增长，但增速已进入环比下降的通道；长期来看，疫情的冲击逐步衰减，将逐步从峰值回归平均值。预计 2022 年，细分种类的防疫物品结构将有所调整，高消耗性产品如口罩等个人防护品出口很可能出现量涨价跌的情形，而医疗设备、抗疫药品等产品的市场需求将持续增加，中国医药出口的增长可期。中国原料药企业在全球供应链地位较为稳固，拥有上游完整的基础化工原料作为支撑，生产供给稳定，规模优势突出，与美欧、印度相比，具有明显的价格优势。

从进口结构看，大宗商品、机电产品和高科技产品是三大主要进口产品。后疫情时期，国内经济稳中向好，拉动能源资源、原材料和零配件等产品的进口需求，进口增长明显。具体表现包括以下几点。

第一，大宗商品进口呈现量价齐涨。2021 年第一季度，原油、铁矿砂进口量分别增长 7.2% 和 6.7%。部分大宗商品价格快速上涨，大豆、铁矿砂、铜矿砂进口均价分别提高 15.5%、58.8% 和 32.9%，价格因素合计拉高整体进口增速 4.2 个百分点。短期内大宗商品的进口上涨将压缩中国贸易顺差的规模。中国经济已经步入"新常态"，承诺推动实现"碳中和"目标。从长期来看，石油、天然气、煤炭等面临着结构性调整的需要。

第二，机电产品的进口比重将进一步提升。2021 年 1—4 月，集成电路进口量增长 30.8%。尽管中美经贸摩擦的影响仍在持续，但中国制造业生产的中心地位、经济持续复苏、产业结构的不断升级，都将进一步拉动高新技术产品的进口。信息科技、5G 商品、人工智能产品等，更加紧密的国际产品贸易将拉动高新技术产品的进出口"双向"增长；同时，如计算机芯片等关键领域，中国仍严重地依赖国际市场，短期内进口的需求仍具增长潜力。

第五章　中国服务贸易分析[*]

　　2020 年，新冠肺炎疫情在全球蔓延。由于服务贸易具有高度依赖国际交往和人员流动的属性，因此疫情对服务贸易产生的负面影响明显高于货物贸易，特别是对传统服务贸易的冲击更大。各国为了控制疫情传播，纷纷采取暂停航班、限制人员进出境等相关措施，使交通、运输、旅游和商务服务等服务业受到沉重打击，国际服务贸易陷入深度衰退之中。受此影响，2020 年以美元计的中国服务贸易额大幅下跌 18%。由于中国率先有效控制了疫情，且疫苗接种率不断提升，预计 2021 年的中国服务贸易会较 2020 年有一定的反弹，但也不能过于乐观，毕竟疫情在世界各地还未得到有效控制。即使 2021 年上半年全球疫苗接种覆盖率能大幅提升，但受印度变异病毒快速扩散及疫苗的有效性和供给不足等因素的影响，下半年各国的"大门"依然无法顺利打开，交通、运输和旅游服务等很难恢复至疫情前的水平。同时，我们也应看到，疫情在重创传统服务贸易的同时，也催生了服务贸易的新模式和新业态，从而推动服务贸易向更高质量方向发展。

---

　　* 本章作者为倪月菊。

一　2020 年中国服务贸易的总体情况

从贸易规模上看，受新冠肺炎疫情影响，2020 年中国的服务贸易大幅下降，进出口贸易额为 6157 亿美元，同比下滑 18%。其中，出口额为 2352 亿美元，下降 4%；进口额为 3805 亿美元，下降 25%。由于中国较早控制了疫情，出口下降的幅度大大低于进口，服务贸易逆差因此大幅减少 44%，为 1453 亿美元。

表 5.1　　　　2010—2020 年中国服务贸易进出口金额（单位：亿美元，%）

	中国进出口额		中国出口额		中国进口额		差额
	金额	增速	金额	增速	金额	增速	
2020 年	6157	−18	2352	−4	3805	−25	−1453
2019 年	7850	−1.4	2836	4.5	5014	−4.5	−2178
2018 年	7919	13.8	2668	17.0	5250	12.3	−2582
2017 年	6957	5.1	2281	8.9	4676	3.4	−2395
2016 年	6616	1.1	2095	−4.2	4521	3.8	−2426
2015 年	6542	0.3	2186	−0.2	4355	0.6	−2169
2014 年	6520	21.3	2191	5.9	4329	30.9	−2137
2013 年	5376	11.3	2070	2.7	3306	17.5	−1236
2012 年	4829	7.6	2016	0.3	2813	13.5	−797
2011 年	4489	20.8	2010	12.7	2478	28.2	−468
2010 年	3717	22.9	1783	24.2	1934	21.7	−151

资料来源：中国商务部网站。

在新冠肺炎疫情暴发初期，受各国纷纷采取暂停或取消国际航班和签证等因素的影响，旅行、运输和商业服务等传统服务贸易下滑严重。商务部发布的数据显示，2020 年 1—2 月，中国服务进出口总额同比下降 11.6%。其中，出口下降 6%，进口下降 14.6%，旅行、运输、建设服务进出口额分别下降 23.1%、4.4%和 28.4%。

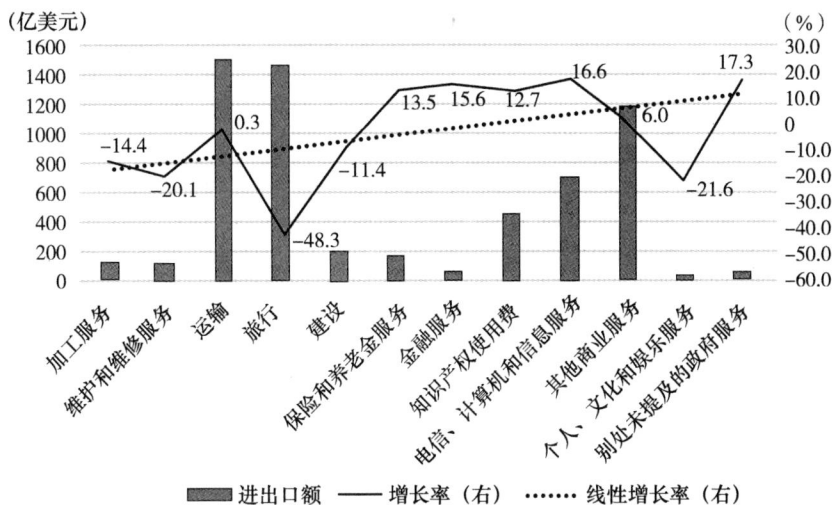

图 5.1　2020 年中国服务贸易进出口情况

资料来源：国家外汇管理局网站。

此后，随着中国的全面复工复产以及疫情在全球的快速蔓延，中国服务贸易的分类进出口情况发生了一些变化，特别是得益于中国货物贸易的逐步好转，与货物贸易密切相关的生产性服务贸易恢复增长。2020 年的运输、保险和金融的进出口额分别增长 0.3%、13.5%和 15.6%。此外，与"宅经济"密切相关的计算机相关服务增长 16.6%。服务贸易的另一个亮点是知识产权使用费大幅增加，增长率高达 12.7%。

从服务出口结构看，生产性服务、与"宅经济"相关的服务及知识产权使用费的出口均实现了较高的增长。据国家外汇管理局的统计，2020 年，运输、保险、金融服务出口均实现了正增长，增长率分别为 23%、12.5%和 7.7%。此外，与"宅经济"密切相关的计算机相关服务出口增长了 11.8%。服务贸易出口的另外一个亮点就是知识产权使用费的出口增长接近

30%，达到 29.2%。疫情防控形势下人员往来出行受限，旅行
服务出口受到沉重打击，同比下降 52.2%。此外，加工、维修
和建设的服务出口受疫情影响也较大，增长率分别较 2019 年下
滑 15.9%、24.5% 和 11.2%。

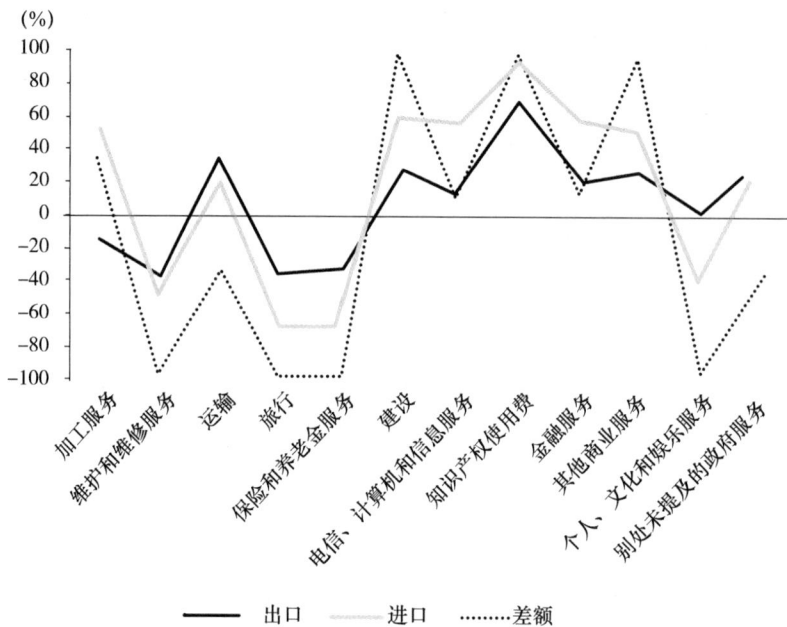

图 5.2   2020 年中国服务贸易进出口增长情况

资料来源：国家外汇管理局网站。

从服务进口看，受疫情影响最大的仍是旅行，同比下降
47%；其次是个人、文化和娱乐服务，下降 26.8%。此外，维
护和维修服务、运输及建设的服务进口受疫情影响也较大，分
别较 2019 年下滑 8.1%、9.7 和 11.8%。服务进口表现突出的
是"宅经济"服务，增长高达 22.7%；金融服务、保险和养老
金服务受疫情影响较小，分别增长了 28% 和 13.9%；咨询服
务、技术服务等其他商业服务进口 505 亿美元，与 2019 年基本
持平。

表 5.2　　　　　　2015—2020 年中国服务贸易分类统计　　　　（单位：亿美元）

		2015 年	2016 年	2017 年	2018 年	2019 年	2020 年
加工服务	差额	203	185	179	172	153	127
	出口	205	186	181	174	157	132
	进口	2	2	2	3	3	5
维护和维修服务	差额	23	30	37	46	65	43
	出口	36	50	59	72	102	77
	进口	13	20	23	25	37	34
运输	差额	−488	−471	−558	−660	−588	−381
	出口	385	338	371	423	460	566
	进口	873	809	929	1083	1049	947
旅行	差额	−1914	−2177	−2160	−2374	−2165	−1147
	出口	580	444	388	395	345	165
	进口	2495	2621	2548	2768	2511	1312
建设	差额	62	41	36	50	50	45
	出口	163	125	122	136	143	127
	进口	101	84	86	86	93	82
保险和养老金服务	差额	−30	−88	−64	−70	−59	−70
	出口	50	42	40	49	48	54
	进口	80	130	104	119	108	123
金融服务	差额	−4	12	21	14	14	10
	出口	22	32	37	35	39	42
	进口	26	20	16	21	25	32
知识产权使用费	差额	−209	−227	−238	−300	−277	−289
	出口	11	12	48	56	67	87
	进口	220	239	286	356	344	376
电信、计算机和信息服务	差额	131	130	76	70	78	58
	出口	245	256	269	300	347	388
	进口	114	126	192	230	269	330

		2015 年	2016 年	2017 年	2018 年	2019 年	2020 年
其他商业服务	差额	188	141	154	188	190	196
	出口	585	576	583	661	688	700
	进口	397	435	429	473	498	505
个人、文化和娱乐服务	差额	−12	−15	−20	−24	−32	−20
	出口	7	7	8	10	10	10
	进口	19	23	28	34	41	30
别处未提及的政府服务	差额	−15	−17	−18	−27	22	−11
	出口	11	12	17	18	15	25
	进口	26	29	35	45	37	36

资料来源：国家外汇管理局网站。

服务贸易进口下降幅度明显大于出口，使中国的服务贸易逆差规模大幅度收窄。旅行逆差仍为服务贸易逆差的主要来源，全年旅行逆差 1147 亿美元，下降 47%。服务贸易逆差中排名第二和第三的是运输和知识产权使用费，其中运输逆差 381 亿美元，下降 35.2%，体现了货物进口下降导致运输支出减少，以及出口形势向好、集装箱运费上涨使得运输出口增加的共同影响；知识产权使用费逆差 289 亿美元，增长 4.3%。

从区域结构看，分布集中度延续稳定。2020 年，中国服务贸易前十大伙伴国（地区）依次为中国香港、美国、日本、新加坡、德国、英国、韩国、爱尔兰、加拿大和澳大利亚，与 2019 年基本一致，服务贸易额达 4607 亿美元，约占服务贸易总额的 75%。中国对前十大主要贸易伙伴国（地区）的服务贸易均呈逆差，除对爱尔兰外，逆差规模普遍收窄。

二　2020 年中国服务贸易发展的新特点和新趋势

尽管受新冠肺炎疫情影响，中国服务贸易出现了大幅下滑的态势，但也呈现出一些新的特点和趋势。

一是知识密集型服务贸易占比提高。2020年，中国知识密集型服务进出口增长8.3%，占服务进出口总额的比重达到44.5%，提升9.9个百分点。其中，知识密集型服务出口增长7.9%，占服务出口总额的比重达到55.3%，提升4.6个百分点；出口增长较快的领域是知识产权使用费、电信计算机和信息服务、保险服务。知识密集型服务进口同比增长8.7%，占服务进口总额的比重达到36.6%，提升11个百分点；进口增长较快的领域是金融服务、电信计算机和信息服务。中国服务业向专业化和价值链高端延伸，推动生活性服务业向高品质和多样化升级。未来随着信息技术升级和数字贸易发展，中国生产性服务尤其是知识密集型服务贸易发展潜力巨大。

二是服务外包发展迅速，"中国服务"品牌国际影响力不断提升。2020年，中国承接服务外包合同额2462.3亿美元，执行额1753.5亿美元，同比分别增长4.5%和10.9%。其中，承接离岸服务外包合同额1404.1亿美元，执行额1057.8亿美元，同比分别增长1.1%和9.2%，实现了"十三五"超千亿美元的发展目标。信息技术外包（ITO）和知识流程外包（KPO）保持较快增长，同比分别增长10.7%和17.9%；数字化程度较高的集成电路和电子电路设计业务离岸执行额同比增长41%；知识密集的医药和生物技术研发业务离岸执行额同比增长25%。美国、中国香港、欧盟前三大市场合计占中国离岸服务外包执行额的53.8%。承接"一带一路"沿线国家离岸外包执行额同比增长8.9%。从地区看，长三角区域承接离岸服务外包执行额同比增长13.3%，占全国的50.4%。31个服务外包示范城市承接离岸外包执行额同比增长8.3%，占全国的82.7%。值得注意的是，受自贸港建设带动，2020年海南承接离岸服务外包执行额达到2亿元，同比增长751.7%。从企业看，民营企业承接离岸服务外包执行额1825.6亿元，同比增长20.9%，高于全国平

均增速 9.5 个百分点。外商投资企业承接离岸服务外包执行额
3187.5 亿元，同比增长 4.2%，占全国的 43.7%。2020 年，服
务外包产业新增从业人员 119 万人，其中本科以上学历 69.2 万
人，占比达到 58.2%。

三是数字服务贸易迎来发展新机遇。疫情期间，全民居家
的生活状态改变了人们的消费方式和工作方式。线上消费、数
字化消费和远程办公催生服务业向数字化转型。如阿里钉钉、
企业微信、腾讯会议等远程办公软件广泛运用，阿里巴巴、百
度、腾讯等企业提供在线医疗服务等，促进了服务业的数字化
升级。可见，疫情使人际交往和贸易流动受限，也对全球服务
贸易格局和消费模式造成深远影响，从而带来了贸易数字化发
展前所未有的机遇。目前，服务业数字化正在突破单一环节的
定点优化，向全产业链渗透。服务业数字化对经济回暖、吸纳
就业、消费迭代、经济升级都有重要作用，未来也是服务贸易
的新增长点，这将是贸易史上一个根本性的变化，数字贸易将
是双循环时代服务贸易高质量开放的亮点。

三　2021 年中国服务贸易的发展趋势

2021 年上半年，全球新冠疫苗接种覆盖率大幅提升。但受
印度变异病毒快速扩散及疫苗的有效性和供给不足等因素的影
响，下半年各国的"大门"依然无法顺利打开，交通、运输、
建设和旅游等传统服务贸易很难恢复至疫情前的水平。预计
2021 年的中国服务贸易增长会较 2020 年有一定的反弹，但幅度
有限。服务出口有望持续增长，服务进口或将稳中有降，服务
贸易逆差将进一步收窄，进出口更趋均衡。传统服务贸易受疫
情影响较大，其占比将进一步下降；新兴服务行业以及知识、
技术密集型服务行业贸易额将进一步增加。受数字产业快速发
展带动，数字贸易特别是数字服务出口有望成为发展的新亮点。

　　全球经济整体复苏，但对服务贸易的拉动作用有限。从国际看，随着国际新冠疫苗接种范围的扩大，还有一些发达国家通过实施积极的财政政策扩大需求，世界经济整体的恢复前景在改善。根据国际货币基金组织的最新预测，2021年世界经济可能增长6%。同时，WTO对2021年贸易的预测也上调到8%，这对全球需求增长是有一定支撑的。需求的改善对于服务贸易的增长将有一定的拉动作用。但我们也必须注意到，影响2021年服务贸易增长的最大的不确定因素依然是新冠肺炎疫情。最乐观的估计是，2021年上半年新冠疫苗在全球普及，下半年全球经济和贸易逐渐恢复。得益于世界经济和贸易的快速复苏，各国"国门"全面开放，服务贸易也将迎来"报复性"增长，全年增长率有望恢复至正增长。但令人意想不到的是，印度的变异病毒再度肆虐并迅速在他国蔓延，增加了疫情的不确定性，也大大推迟了经济复苏的进程。这波疫情何时能被彻底控制住？还会不会有更多的变异病毒出现？新冠疫苗对新型变异病毒是否有效？疫苗短缺现象何时能结束？这些问题尚没有明确的答案。即使2021年9月初世界经济可以进入复苏轨道，短短4个月的时间也很难实现较快的增长。在这种背景下，2021年的中国服务贸易增速虽然会好于2020年，但也不容乐观，特别是加工、旅行、建设和维修等服务贸易依然不被看好。

　　中国经济和贸易的快速发展是服务贸易增长的主要动力。从国内来看，国内生产恢复比较好，中国工业行业门类齐全，工业生产恢复的各方面保障条件也不错，能够有效应对外部需求的变化。据统计，2021年1—3月，中国的国内生产总值达到249310亿元，按可比价格计算，同比增长18.3%，比2020年第四季度环比增长0.6%；比2019年第一季度增长10.3%，两年平均增长5.0%，呈现稳健开局和稳定恢复态势。规模以上服务业企业营业收入同比增长37.1%，两年平均增长10.2%。其中信息传输、软件和信息技术服务业，科学研究和技术服务业营业收入同比分别增长 31.7%、43.5%，两年平均分别增长 17.0%、11.7%。服务业商务活动指数连续 14 个月高于临界点。铁路运输、航空运输、住宿等行业商务活动指数高于 65.0%。从市场预期看，服务业业务活动预期指数为 62.7%。从货物贸易看，2021 年 1—4 月，货物进出口总额 116237 亿元，同比增长 28.5%。其中，出口 63255 亿元，同比增长 33.8%；进口 52982 亿元，同比增长 22.7%。此外，中国坚定推动对外开放、支持外贸发展的政策仍然会继续发挥作用。总的来看，2021 年，中国的经济和外贸会保持较快的增长，这将助力服务贸易的增长。生产性服务贸易和数字贸易仍将获得较快的发展。

国家深化服务贸易的创新举措将持续释放政策红利。为了推进服务贸易创新发展，2020 年 8 月，商务部发布了全面深化服务贸易创新发展试点的主要任务。试点任务围绕推动服务贸易改革、开放、创新三个方面，提出了 122 项具体举措。

在改革方面，提出推动下放《船舶营业运输证》管理事权、外籍人员子女学校审批权，展会进境动植物及其产品前置许可事项，规范国土空间规划资质管理，扩大技术进出口经营者资格范围，简化外资旅行社审批流程等体制机制改革事项。同时，实行进口研发（测试）用未注册医疗器械分级管理、开展人民币在服务贸易领域跨境使用试点、开展外国专利代理机构在华设立常驻代表机构试点、开展外籍人才管理服务改革试点、在具备条件的试点地区开通国际互联网数据专用通道等便利化举措。在开放方面，提出在中国境内经营无船承运，无须为中国企业法人；在条件具备的试点地区开展国内律师事务所聘请外籍律师担任外国法律顾问试点；允许符合条件的外国人参加专利代理师资格考试；允许中国台湾居民在试点地区参加注册城乡规划师等职业资格考试；允许中国台湾居民在试点地区注册登记个体工商户等开放便利举措。在创新方面，部署探索跨境数据流动分类监管模式，开展数据跨境传输安全管理试点，开展数字营商环境问题研究，组建国家数字贸易专家工作组等。同时提出开展数字人民币试点、便利外国人在华使用移动支付试点、促进国际精品赛事发展等业态模式创新举措。随着试点工作的全面铺开，这 122 项改革举措将逐步落地见效，这将有力推动服务贸易向高质量发展。

第六章　中国贸易方式分析[*]

一　年度数据回顾

（一）总体贸易方式

如图 6.1 至图 6.4，2020 年，中国货物进出口总额 46462.6
亿美元，年度贸易增速由负（-0.1%）转正，比 2019 年增长
1.5%。进口和出口形势都有所好转，其中出口总额 25906.5 亿
美元，比 2019 年增长 3.6%；进口总额为 20556.1 亿美元，比
2019 年下降 1.1%。从贸易方式来看，由于"两头在外"的特
征，加工贸易尤其是来料加工装配贸易受到严重冲击，在总贸
易中占比进一步下滑。具体情况如下。

一般贸易进出口额 27796.6 亿美元，同比上升 2.9%，比
2019 年增速高 1.9 个百分点，比进出口总额增速高 1.5 个百分
点，占同年进出口贸易总额的比重从 2019 年的 59.0% 增至
2020 年的 59.8%。其中出口额为 15373.7 亿美元，比 2019 年
增加 6.4%，比 2019 年增速高 3.3 个百分点，占同年总出口的
比重从 2019 年的 57.9% 增至 2020 年的 59.3%；进口总额
12423.0 亿美元，比 2019 年下降 1.2%，比 2019 年下降幅度
略低，占同年总进口的比重从 2019 年的 60.6% 降至 2020 年的

---

* 本章作者为马盈盈。

60.4%。

加工贸易进出口额 11058.7 亿美元，比 2019 年下降 4.1%，比 2019 年的下降幅度（9.1%）低 5 个百分点，占比从 2019 年的 25.2% 降至 2020 年的 23.8%，主要原因在于进料加工进出口额降幅由 2019 年的 9.4% 下降至 2020 年的 2.4%，但受疫情影响，来料加工进出口额降幅由 2019 年的 6.5% 增至 2020 年的 13.9%。其中加工贸易出口额为 7024.8 亿美元，比 2019 年下降 4.5%，占同年总出口的比重从 2019 年的 29.5% 降至 2020 年的 27.1%（进料加工出口额 6347.4 亿美元，比 2019 年下降 3.4%；来料加工出口额 677.4 亿美元，比 2019 年下降 13.2%）。加工贸易进口额为 4033.9 亿美元，比 2019 年下降 3.4%，占同年总进口的比重从 2019 年的 20.2% 降至 2020 年的 19.6%（进料加工进口额 3266.7 亿美元，比 2019 年下降 0.3%；来料加工进口额 767.2 亿美元，比 2019 年下降 14.5%）①。

保税物流区②进出口额 5636.6 亿美元，比 2019 年上升 5.79%，占同年进出口贸易总额的比重从 2019 年的 11.6% 增至 2020 年的 12.1%。其中，出口额 1963.9 亿美元，比 2019 年上升 10.4%，占比从 2019 年的 7.1% 增至 2020 年的 7.6%；进口额 3672.7 亿美元，比 2019 年上升 3.7%，占比从 2019 年的 17.1% 增至 2020 年的 17.9%。

---

① 加工贸易又进一步细分为来料加工和进料加工，其中来料加工是指进口料件由境外企业提供，加工贸易企业不需要付汇进口，仅按照境外企业要求对进口料件进行加工或者装配，收取加工费，制成品交付境外企业销售的贸易行为。进料加工是指进口料件由加工贸易企业付汇进口，加工或组装后自主外销的贸易行为。

② 包括保税监管场所进出境货物和海关特殊监管区域物流货物。

其他贸易①进出口额 1970.7 亿美元, 比 2019 年上升 11.7%, 占比从 2019 年的 3.9% 增至 2020 年的 4.2% (见图 6.1)。其中, 出口额 1544.1 亿美元, 比 2019 年上升 12.6%, 占比从 2019 年的 5.5% 增至 2020 年的 6.0%; 进口额 426.6 亿美元, 占比为 2.1%, 基本保持不变。

从贸易差额来看, 2020 年中国贸易顺差为 5350.4 亿美元, 比 2019 年增长 24.4%。其中, 一般贸易顺差 2950.7 亿美元, 比 2019 年上升 52.3%; 加工贸易顺差 2991.0 亿美元, 比 2019 年下降 6.1%; 保税物流逆差 1708.7 亿美元; 其他贸易顺差 1117.5 亿美元, 比 2019 年上升 19.3%。

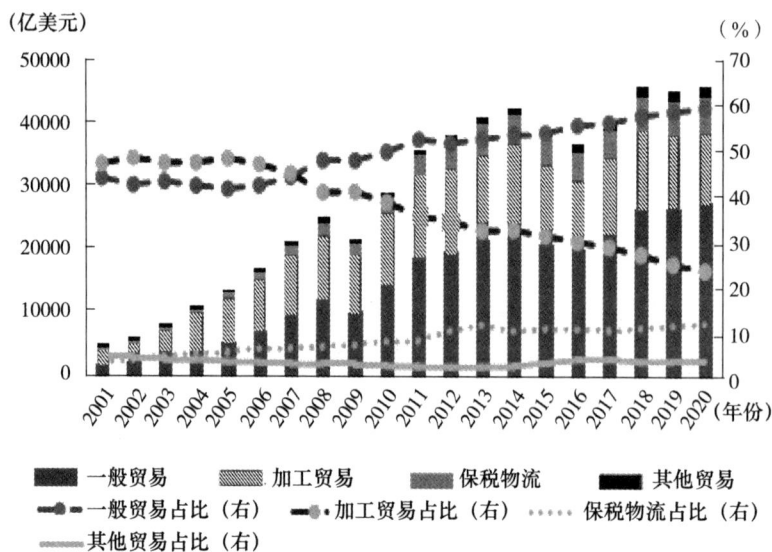

图 6.1 2001—2020 年中国进出口贸易总额中各贸易方式金额和占比

资料来源: Wind 数据库和中国海关总署数据库。

---

① 包括进出口贸易中除一般贸易、加工贸易和保税物流贸易之外的贸易。

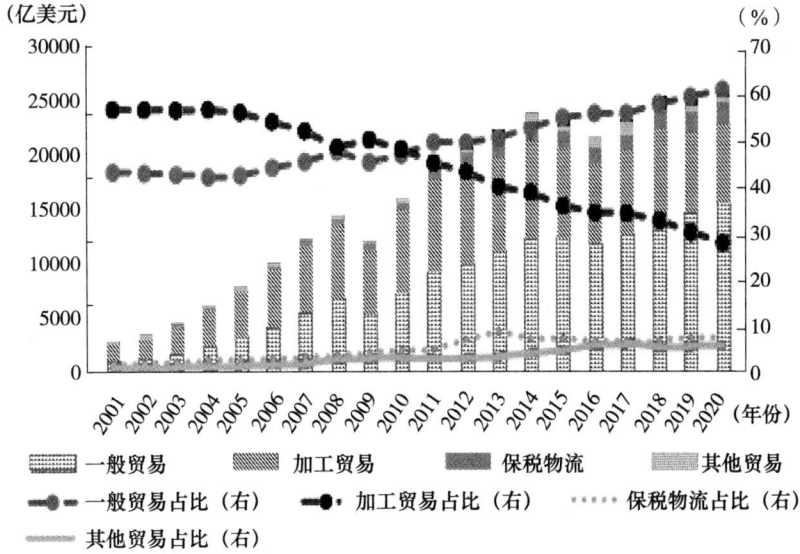

图6.2 2001—2020年中国出口贸易中各贸易方式出口金额及其占比
资料来源：Wind数据库和中国海关总署数据库。

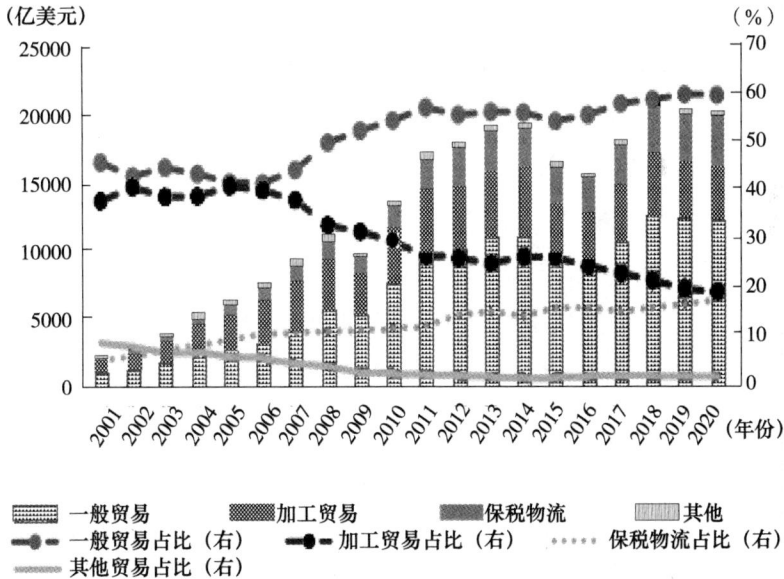

图6.3 2001—2020年中国进口贸易中各贸易方式进口金额及其占比
资料来源：Wind数据库和中国海关总署数据库。

（亿美元）

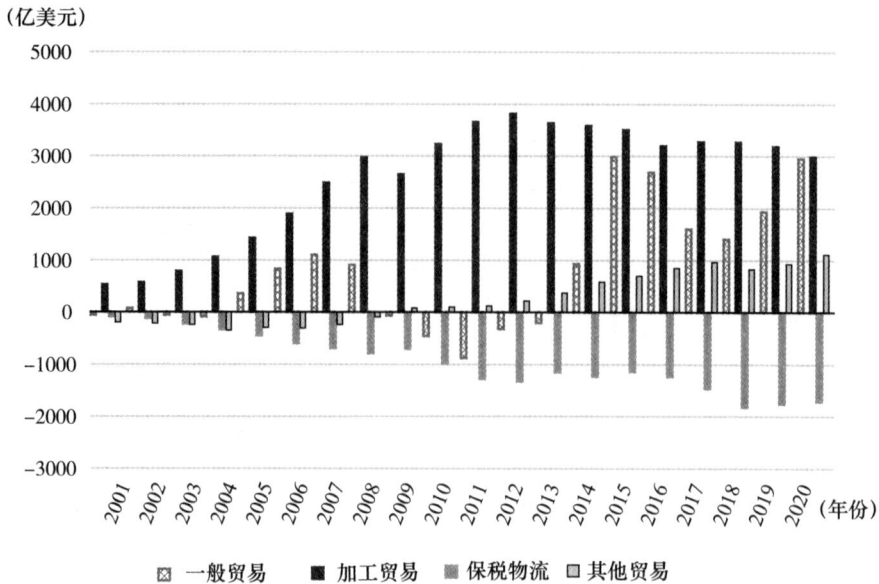

图 6.4   2001—2020 年中国各贸易方式的贸易差额

资料来源：Wind 数据库和中国海关总署数据库。

（二）基于企业性质的贸易方式分析

1. 出口商品贸易方式企业性质

受疫情影响，2020 年国有企业、外商投资企业出口继续呈下降趋势，其他企业出口增速由正转负。其中，国有企业出口2074.8 亿美元，比 2019 年下降 12%，较 2019 年降幅扩大 3.7个百分点；外商投资企业出口 9322.7 亿美元，比 2019 年下降3.5%，较 2019 年降幅（6.7%）下降 3.2 个百分点；其他企业出口 500.0 亿美元，比 2019 年下降 10.2%，较 2019 年增速下降 14.3 个百分点，增速由正转负。而得益于政府出台的减税降费财政政策，通关便利化等一系列措施，私营企业自身的灵活性和弹性、以一般贸易为主的出口模式、市场的多元化以及为应对疫情及时调整生产计划等举措，私营企业出口逆势增长 12.8%至14008.9 亿美元，较 2019 年增幅上升 3.9 个百分点。

一般贸易出口较2019年增加934.2亿美元，比2019年上升6.4%，主要由私营企业驱动。其中国有企业、外商投资企业、私营企业以及其他企业分别比2019年增加 −12.4%、0.7%、11.8%和 −7.7%，分别贡献一般贸易出口总额增长的 −19.5%、2.1%、120.9%和 −3.5%，占一般贸易出口比重分别由10.2%降至8.4%、21.0%降至19.9%、65.8%上升至69.2%、3.0%降至2.6%。

加工贸易出口较2019年减少329.9亿美元，比2019年下降4.5%①，主要由外商投资企业出口下降所致。其中，国有企业、外商投资企业、私营企业以及其他企业分别比2019年上升 −18.0%、−5.6%、6.4%和 −19.1%，分别贡献加工贸易出口总额减少的16.6%、101.6%、−20.6%和2.4%，占加工贸易出口比重分别由4.1%降至3.5%、80.7%降至79.7%、14.6%升至16.2%、0.6%降至0.5%。

保税物流区贸易出口较2019年增加184.4亿美元，同比上升10.4%，完全是由私营企业出口带动。其中，国有企业、外商投资企业、私营企业以及其他企业分别比2019年上升 −2.4%、−3.4%、34.6%和 −42.3%，分别贡献加工贸易出口总额增加的 −5.7%、−12.6%、121.4%和 −3.1%，占保税物流区贸易出口比重分别由24.7%降至21.8%、38.2%降至33.4%、36.4%升至44.4%、0.8%降至0.4%。

在其他贸易中，外商投资企业占比增加37.9个百分点至59.5%，国有企业、私营企业和其他企业分别下降10.8个百分点、25.4个百分点和1.7个百分点，分别占比7.5%、32.0%和1.0%。

---

① 来料加工出口同比下降13.2%，进料加工出口同比下降3.4%，分别贡献加工贸易出口下降的31.2%和68.8%。

表 6.1　　　　　2017—2020 年中国出口贸易中各贸易方式中
企业类型占比变化　　　　　　　　（单位:%）

	年份	出口总值	一般贸易	加工贸易	保税物流	其他
国有企业	2017	10.2	10.8	5.7	28.4	20.3
	2018	10.3	11.1	4.3	30.8	23.3
	2019	9.4	10.2	4.1	24.7	18.3
	2020	8.0	8.4	3.5	21.8	7.5
外商投资企业	2017	43.2	23.2	83.3	42.2	22.0
	2018	41.7	22.6	82.0	39.7	22.8
	2019	38.7	21.0	80.7	38.2	21.6
	2020	36.0	19.9	79.7	33.4	59.5
私营企业	2017	44.4	62.6	10.4	28.5	56.6
	2018	45.9	63.0	13.1	28.6	53.0
	2019	49.7	65.8	14.6	36.4	57.4
	2020	54.1	69.2	16.2	44.4	32.0
其他企业	2017	2.2	3.5	0.6	1.0	1.1
	2018	2.2	3.3	0.6	0.9	0.9
	2019	2.2	3.0	0.6	0.8	2.7
	2020	1.9	2.6	0.5	0.4	1.0

资料来源:中国海关总署数据库。

2. 进口商品贸易方式企业性质

受疫情影响,2020 年国有企业进口增速进一步下滑,其他企业进口增速由正转负。其中,国有企业进口 4582.4 亿美元,比 2019 年下降 14.7%,较 2019 年降幅扩大 12.8 个百分点,贡献了总进口下降的 365.9%;其他企业进口 337.8 亿美元,比 2019 年下降 25.2%,较 2019 年增速(0.3%)下降 25.5 个百分点,增速由正转负,贡献了总进口下降的 52.9%。但外商投资企业和私营企业进口形势有所好转。其中,外商投资企业进口 8653.2 亿美元,比 2019 年上升 0.9%,较 2019 年增速(−1.9%)上升 2.8

个百分点，增速由负转正，贡献了总进口下降的 -34.8%；而私营企业进口逆势增长 9.4% 至 6982.8 亿美元，较 2019 年增幅上升 5.2 个百分点，贡献了总进口下降的 -284.0%。

3. 贸易方式

一般贸易进口较 2019 年减少 144.4 亿美元，同比下降 1.2%，主要由国有企业进口下降驱动，私营企业和外商投资企业的进口增长减缓了整体的下降幅度。其中，国有企业、外商投资企业、私营企业以及其他企业分别比 2019 年上升 -14.0%、2.7%、10.6% 和 -24.9%，分别贡献一般贸易进口总额下降的 423.4%、-75.0%、-297.1% 和 48.7%，占一般贸易进口比重分别由 34.8% 降至 30.3%、31.5% 升至 32.7%、31.4% 上升至 35.3%、2.2% 降至 1.7%。

加工贸易进口较 2019 年减少 139.2 亿美元，同比下降 3.3%，主要由国有企业及外商投资企业进口下降所致。其中，国有企业、外商投资企业、私营企业以及其他企业分别比 2019 年上升 -34.8%、-1.1%、0.1% 和 -14.0%，分别贡献加工贸易进口总额减少的 72.2%、26.6%、-0.3% 和 1.4%，占加工贸易进口比重分别由 6.9% 降至 4.7%、77.3% 升至 79.0%、15.5% 升至 16.0% 以及保持 0.3% 不变。

保税物流区进口贸易较 2019 年增加 134.3 亿美元，同比上升 3.8%，由私营企业和外商投资企业进口增长带动。其中，国有企业、外商投资企业、私营企业以及其他企业分别比 2019 年上升 -13.6%、3.6%、11.1% 和 -34.1%，分别贡献保税物流区贸易进口总额增加的 -65.6%、32.5%、137.5% 和 -4.5%，占保税物流区贸易进口比重分别由 18.2% 降至 15.2%、34.1% 保持不变、47.1% 升至 50.4%、0.5% 降至 0.3%。

在其他贸易中，外商投资企业占比增加 31.8 个百分点至 56.4%，国有企业、私营企业和其他企业分别下降 7.3 个百分点、12.1 个百分点和 2.3 个百分点，分别占比 10.1%、32.0% 和 1.5%。

表6.2　　　　　2017—2020 年中国进口贸易中各贸易方式中
企业类型占比变化　　　　　　　（单位:%）

	年份	进口总值	一般贸易	加工贸易	保税物流	其他
国有企业	2017	23.8	31.9	7.6	19.8	18.2
	2018	25.6	34.6	5.9	21.5	20.0
	2019	25.8	34.8	6.9	18.2	17.4
	2020	22.3	30.3	4.7	15.2	10.1
外商投资企业	2017	46.8	35.7	81.3	38.5	38.1
	2018	43.6	32.7	80.1	35.2	35.5
	2019	41.3	31.5	77.3	34.1	34.6
	2020	42.1	32.7	79.0	34.1	56.4
私营企业	2017	27.2	30.1	10.7	41.2	39.7
	2018	28.6	30.4	13.6	42.8	41.1
	2019	30.7	31.4	15.5	47.1	44.1
	2020	34.0	35.3	16.0	50.4	32.0
其他企业	2017	2.2	2.4	0.4	0.5	4.0
	2018	2.1	2.3	0.3	0.5	3.4
	2019	2.2	2.2	0.3	0.5	3.8
	2020	1.6	1.7	0.3	0.3	1.5

资料来源：中国海关总署数据库。

（三）基于产品类型的贸易结构变化

1. 主要类型产品出口贸易方式结构

2020 年，中国农产品出口 760.4 亿美元（以一般贸易为主），比 2019 年下降 3.2%，占总出口的比重为 2.9%。其中，一般贸易、加工贸易以及其他贸易出口较 2019 年呈现更深幅度的下降，降幅分别从 0.3% 增至 1.7%、3.1% 增至 8.8%、2.8% 增至 24.4%，占农产品总出口比重分别为 84.6%、10.9%、2.4%；保税物流出口依然是负增长，但降幅较 2019 年收窄，比 2019 年下降 2.5%，占农产品总出口比重为 2.2%。

机电产品出口 15411.1 亿美元（以一般贸易和加工贸易为主），比 2019 年上升 5.7%，占总出口的比重为 59.5%。其中，一般贸易、保税物流和其他贸易出口增速均高于 2019 年，分别达 9.6%、15.3% 和 10.3%，占机电产品总出口的比重分别为 47.0%、9.9% 和 3.8%；加工贸易出口增速依然为负，但表现好于 2019 年，比 2019 年下降 0.9%，占机电产品总出口的比重为 39.4%。

高新技术产品①出口 7766.6 亿美元（以加工贸易和一般贸易为主），比 2019 年上升 6.3%，占总出口的比重为 59.5%。其中，一般贸易和保税物流出口增速继续维持正向增长且增速分别高于 2019 年的 5.2% 和 3.8%，分别达 13.2% 和 14.8%，分别占高新技术产品总出口的比重为 30.6% 和 14.8%；加工贸易出口转负为正，增速从 2019 年的 -6.9% 上升至 2020 年的 1%，占高新技术产品总出口的比重为 54.0%；其他贸易出口大幅下滑，增速转正为负，比 2019 年下降 15.4%，占高新技术产品总出口的比重为 0.6%。

文化产品出口 971.9 亿美元（以一般贸易为主），比 2019 年下降 2.7%，占总出口的比重为 3.8%。其中，一般贸易、保税物流和其他贸易实现了正向增长，分别比 2019 年上升 6.7%、10.4% 和 30.8%，但仅其他贸易增速高于 2019 年，加工贸易和保税物流出口增速大幅下降；同时，加工贸易出口增速进一步下降，降幅从 2019 年的 10.9% 增至 2020 年的 19.8%。2020 年，文化产品一般贸易、加工贸易、保税物流和其他贸易出口占文化产品总出口的比重分别为 53.8%、27.7%、6.2% 和 12.3%。

---

① 包括生物技术、生命科学技术、光电技术、计算机与通信技术、电子技术、计算机集成制造技术、材料技术、航空航天技术和其他技术相关产品。

　　劳动密集型产品出口 5620.7 亿美元（以一般贸易为主），比 2019 年上升 9.6%，占总出口的比重为 21.7%。其中，一般贸易、保税物流和其他贸易实现了正向增长，分别比 2019 年上升 12.6%、5.3% 和 13.7%，而加工贸易出口增速为负，比 2019 年下降 17.5%。2020 年，劳动密集型产品一般贸易、加工贸易、保税物流和其他贸易出口占文化产品总出口的比重分别为 78.6%、7.2%、3.2% 和 11.0%。

表 6.3　　　　　2020 年中国出口主要类型产品的贸易方式结构

（单位：亿美元，%）

	农产品		机电产品		高新技术产品		文化产品		劳动密集型产品①	
	金额	占比	金额	占比	金额	占比	金额	占比	金额	占比
一般贸易	643.1	84.6	7236.9	47.0	2374.8	30.6	523.2	53.8	4420.0	78.6
加工贸易	82.7	10.9	6071.7	39.4	4192.6	54.0	268.8	27.7	402.8	7.2
保税物流	16.5	2.2	1519.5	9.9	1152.8	14.8	60.0	6.2	182.1	3.2
其他贸易	18.1	2.4	583.0	3.8	46.4	0.6	119.9	12.3	615.8	11.0
加总	760.4	100.1	15411.1	100.1	7766.6	100	971.9	100	5620.7	100

资料来源：中国海关总署数据库。

2. 主要类型产品进口贸易方式结构

　　2020 年，中国农产品进口 1708.1 亿美元，比 2019 年上升 14.0%，占总进口的比重为 8.3%。其中，一般贸易和保税物流进口增速高于 2019 年，分别从 12% 上升至 16.7%、5.2% 上升

_____

　　①　包括塑料制品，箱包及类似容器，纺织纱线、织物及制品，服装及衣着附件，鞋类，家具及其零件，灯具、照明装置及零件，玩具。

至 8.5，占农产品总进口比重分别为 87.1% 和 8.8%；加工贸易和其他贸易进口依然是负增长，但降幅进一步扩大，分别比 2019 年下降 14.9% 和 29.9%，占农产品总进口比重分别为 3.2% 和 0.8%。

机电产品进口 9491.5 亿美元（以一般贸易和加工贸易为主），比 2019 年上升 4.5%，占总进口的比重为 46.2%。其中，一般贸易和加工贸易进口增速转负为正，分别从 2019 年的 −6.7% 和 −11.7% 上升至 2020 年的 3% 和 3.8%，占机电产品总进口的比重分别为 42.6% 和 32.9%；保税物流进口增速从 2019 年的 4.7% 上升至 2020 年的 10.8%，占机电产品总进口的比重增至 22.6%；其他贸易进口增速由正转负，从 2019 年的 7.3% 降至 2020 年的 −15.6%，占机电产品总进口的比重降至 1.9%。

高新技术产品进口 6822.3 亿美元，比 2019 年上升 7%，占总进口的比重为 33.2%。与机电产品类似，其一般贸易和加工贸易进口增速转负为正，分别从 2019 年的 −5.1% 和 −12.5% 上升至 2020 年的 5.2% 和 5.3%，占高新技术产品总进口的比重分别达 32.5% 和 37.9%；保税物流进口增速从 2019 年的 7.2% 上升至 2020 年的 13.8%，占高新技术产品总进口的比重增至 27.6%；其他贸易进口增速由正转负，从 2019 年的 7.8% 降至 2020 年的 −15.4%，占高新技术产品总进口的比重降至 1.9%。

文化产品进口 114.8 亿美元，比 2019 年下降 4.9%，占总进口的比重为 0.6%。其中，一般贸易和保税物流进口实现了正向增长，分别比 2019 年上升 2.3% 和 18.6%，但增速均低于 2019 年，加工贸易进口继续呈现负增长，比 2019 年下降 41.8%；但其他贸易进口表现良好，增速由负转正，比 2019 年上升 55.1%。2020 年，文化产品一般贸易、加工贸易、保税物流和其他贸易进口占文化产品总进口的比重分别为 55.9%、10.9%、29.7% 和 3.4%。

大宗商品进口 4502.0 亿美元，同比下降 10.2%，占总进口的比重为21.9%。其中，一般贸易、加工贸易、保税物流和其他贸易分别比2019年下降10.0%、18.6%、0.6%和15.2%，占大宗商品总进口的比重分别为81.9%、5.1%、12.1%和0.9%。

表6.4　　　　　2020年中国进口主要类型产品的贸易方式结构

（单位：亿美元，%）

	农产品		机电产品		高新技术产品		文化产品		大宗商品①	
	金额	占比	金额	占比	金额	占比	金额	占比	金额	占比
一般贸易	1488.1	87.1	4041.8	42.6	2220.1	32.5	64.2	55.9	3688.8	81.9
加工贸易	55.4	3.2	3122.2	32.9	2585.1	37.9	12.5	10.9	231.6	5.1
保税物流	151.1	8.8	2148.7	22.6	1884.8	27.6	34.2	29.7	542.7	12.1
其他贸易	13.5	0.8	178.8	1.9	132.3	1.9	3.9	3.4	38.9	0.9
加总	1708.1	99.9	9491.5	99.9	6822.3	99.9	114.8	99.9	4502.0	100

资料来源：中国海关总署数据库。

二　贸易方式的特征和决定因素

中国的出口贸易主要由两种贸易方式构成：一般贸易和加工贸易。一般贸易即常规的对外贸易，加工贸易具有"两头在外"的特征，即原材料和产品市场都在国外，本国仅提供生产能力。研究发现，相比于加工贸易企业，一般贸易企业议价能力更强（刘晴等，2013），生产率、出口国内增加值率（DVAR）、利润率以及融资需求更高（张杰等，2013；闫国庆等，2009；张

---

① 包括大豆，铁矿砂及其精矿，铜矿砂及其精矿，煤及褐煤，原油，天然气，天然及合成橡胶（包括胶乳），钢材。

杰等，2016；李春顶，2010）。企业在建立初期选择加工贸易的生产方式，主要原因是缺乏销售渠道、资本、设备和技术以及生产率低下。不同于一般贸易，加工贸易企业不存在"自我选择效应"，其生产率通常低于仅在国内市场上销售产品的企业以及一般贸易企业（余淼杰，2011；张杰等，2016）。

20 世纪 80 年代以来，由于国际环境、要素禀赋、国内贸易政策的变化以及不同贸易方式的内在要求，中国经历了加工贸易占比持续攀升、占据主导地位到持续下降的过程。中国的贸易方式变化主要分为两个阶段。

（一）20 世纪 80 年代初期至 20 世纪 90 年代末

该阶段中差异化退税政策①和劳动力禀赋优势推动加工贸易占比持续攀升。美欧对日本以及亚洲四小龙的贸易壁垒上升，加之中国的改革开放政策、丰裕的劳动力禀赋及成本优势，日本、中国台湾等经济体开始对中国进行投资，从母国进口原材料经中国加工后再出口至美欧。对于中国，在技术、资本等生产要素匮乏、产品国际竞争力低下、外汇短缺的情况下，引入加工贸易方式是解决就业、赚取外汇的重要渠道。1979 年之后，中国多个政府部门相继出台了多项针对加工贸易的优惠政策（例如差异化的出口退税政策），为加工贸易的长期稳定发展打下了制度基础（范子英、田彬彬，2014）。

（二）21 世纪以来

中间品贸易自由化、生产率上升和融资约束缓解推动一般贸易占比上升。中间品贸易自由化会通过成本效应和融资缓解

---

① 中国针对加工贸易和一般贸易制定了不同的出口退税政策。其中，加工贸易实行"不征不退"，对进口中间品和出口产成品都不征收增值税；一般贸易实行"先征后退"，但退税比例一般低于征收比例。所以，加工贸易实际税率低于一般贸易。

效应推动一般贸易占比上升。一方面，中间品贸易自由化可降低一般贸易企业的生产成本，提高其边际收益，促使出口企业选择一般贸易；另一方面，中间品贸易自由化通过降低出口成本、提高出口利润缓解一般贸易企业的融资约束，降低参与一般贸易的门槛。

企业生产率的提高会抑制纯加工贸易企业的出口，促进一般贸易企业的出口，进而推动一般贸易占比相对上升（陶攀等，2014）。1998—2013年，中国采矿、纺织、造纸、化工、石油、通用设备制造、通信电子设备等主要行业经产能利用率调整后的企业平均生产率均持续提高（余淼杰等，2018）。

融资约束缓解助推企业出口方式升级。由于一般贸易企业需要更多资金用于产品研发、原材料进口以及产品销售，融资需求更高，受信贷约束更强，因此受融资约束的企业更倾向于选择加工贸易，融资约束的缓解会促使企业选择利润率更高的一般贸易，从事高附加值的价值链生产环节。

三　疫情对贸易方式的影响

（一）加工贸易"两头在外"，疫情期间外部供需下降、物流中断以及人员短缺导致加工贸易占比下降

相比一般贸易，加工贸易在国内产业链较短，"两头在外"，更易受到外部环境的冲击。在加工贸易模式下，不可避免会受到国外突发事件与恶性风险的传染性冲击。

在供给端，国内加工贸易企业高度依赖亚洲周边国家的原材料和零配件，国外上游企业的生产风险很容易通过中间品供给中断传导到下游国内加工贸易企业。以日本大地震造成的中间品进口中断对中国企业出口行为的影响为例，中国出口企业大量从日本进口中间投入品和零部件，在中国内地加工组装后，出口最终消费品到美国。2011年的日本大地震导致原来提供给

中国的中间品减少，中国企业出口值下降、出口价格和品质下跌，且加工贸易遭受的出口冲击大于一般贸易企业，国有企业、外资企业的出口损失大于民营企业（包群、张志强，2021）。

在需求端，2020年3月之后，疫情在欧美陆续暴发，国外市场需求急剧萎缩，代工订单量大幅下降，新增订单比2019年下降。根据中国海关总署和统计局数据，2020年1—2月，中国出口和进口同比增速分别下滑17.2%和4.0%；41个工业大类行业中，37个行业利润下降，其中，与加工贸易密切相关的电子、汽车、纺织服装服饰等行业的利润分别下降87.0%、79.6%和42.1%。国内下游加工贸易企业开工订单不足与上游国际原材料中间品生产下降交互作用，导致外部市场需求可能进一步萎缩。另外，本次疫情对服务业冲击较大，加工贸易涉及的生产性服务业供给下降将会提升企业生产固定成本和可变成本，进一步导致相关企业中长期投资下降。

人员隔离、跨地区流动受限等防疫措施带来的企业劳动力短缺、开工不足甚至关停，导致劳动密集型占比更高的加工贸易企业受到相对更大的冲击。此外，各国采取的关闭边境、停航停运等措施造成的国际物流迟滞、货物贸易成本增加，也进一步打击了物流依赖度相对更高的加工贸易企业。

（二）基于供应链安全的考量，疫情重塑产业链分工格局，促使加工贸易境外转移

2018年以来，受中美经贸摩擦、要素成本上升和区域价值链重整等多重因素影响，部分加工贸易企业开始外迁部分产能。2019年中国对美出口额同比下降15.22%、出口份额下降3.22个百分点。同时，从对美出口份额变动情况看，越南、墨西哥、中国台湾和法国分别增加0.66个百分点、0.49个百分点、0.34个百分点和0.24个百分点，国际贸易"低端分流、高端回流"迹象明显。

新冠肺炎疫情冲击下，各国产业链均受到不同程度影响，全球产业链面临巨大不确定性。跨国公司及其母国为保证经济、产业链安全和产能自主，防止对单个经济体的过度依赖和关键零部件中断，可能放弃过去以效率为标准、在全球范围内按照各国比较优势和规模经济布局产品内不同生产环节的做法，更多考虑效率和安全的平衡以及供应链的自主性和可控性，以社会成本作为产业配置的最终标准，对医疗、高科技等关键产业供应链布局进行调整，比如对国内应急供应链备份、引导关键产业的回流以及从全球化回归区域化、缩短价值链等。

疫情强化加工贸易产能外迁的变化趋势。新冠肺炎疫情凸显了产业链分工方式和收益分配的内在风险，促使各国进行产业链多元化布局。富士康受到疫情影响，将部分产能转移至越南、印度和墨西哥等国弥补缺口。此外，疫情进一步放大了中美矛盾。在对华战略上，美国以贸易政策支持国家安全政策，加紧在科技领域和关键产业与中国脱钩，并迫使第三国至全球范围与中国脱钩，例如禁止使用美国技术的企业与华为合作。在疫情影响下，美国以国家安全为由，要求医疗设备等行业供应链从中国迁出，采用多种方式吸引美国企业从中国撤回，导致外资企业占据主导地位的加工贸易占比下降。

主要参考文献

包群、张志强，2021，《地震的余波：价值链断裂、进口停滞与贸易危机传染》，载《经济学》（季刊）2021 年第 2 期。

范子英、田彬彬，2014，《出口退税政策与中国加工贸易的发展》，载《世界经济》2014 年第 4 期。

李春顶，2010，《中国出口企业是否存在"生产率悖论"：基于中国制造业企业数据的检验》，载《世界经济》2010 年第 7 期。

陶攀、刘青、洪俊杰，2014，《贸易方式与企业出口决定》，载《国际贸易问题》2014 年第 4 期。

余淼杰、金洋、张睿，2018，《工业企业产能利用率衡量与生产率估算》，载《经济研究》2018 年第 5 期。

余淼杰，2011，《加工贸易、企业生产率和关税减免——来自中国产品面的证据》，载《经济学》（季刊）2011 年第 4 期。

张杰、陈志远、刘元春，2013，《中国出口国内附加值的测算与变化机制》，载《经济研究》2013 年第 10 期。

张杰、张帆、陈志远，2016，《出口与企业生产率关系的新检验：中国经验》，载《世界经济》2016 年第 6 期。

附录　疫情相关产品 HS 编码明细

附表 1　抗疫药品

HS 编码	产品名	HS 编码	产品名
300213	非混合的免疫制品，未配定剂量或制成零售包装	300390	其他含未列名成分混合药品
300214	混合的免疫制品，未配定剂量或制成零售包装	300410	其他羟氨苄青霉素制剂
300215	以免疫制品为基本特征的新型冠状病毒（COVID‐19）检测试剂盒，已配定剂量或制成零售包装	300420	其他已配剂量头孢菌素制剂
300219	其他抗血清、其他血分及免疫制品，不论是否修饰或通过生物工艺加工制得	300431	已配剂量含重组人胰岛素的其他药品
300220	新型冠状病毒（COVID‐19）疫苗，未配定剂量或制成零售包装	300432	已配剂量含 7α‐羟基‐普拉睾酮的单方制剂
300310	其他含有青霉素或链霉素的混合药	300439	已配剂量含克仑特罗的单方制剂
300320	抗菌素的混合药品	300441	盐酸麻黄碱片、盐酸麻黄碱注射剂、硫酸麻黄碱片
300331	含有胰岛素的混合药品	300442	其他含有伪麻黄碱及其盐的药品
300339	其他含品目 2937 激素等的混合药	300443	其他含有去甲麻黄碱及其盐的药品

HS 编码	产品名	HS 编码	产品名
300341	含有麻黄碱及其盐的混合药品	300449	吗啡阿托品注射液
300343	含有去甲麻黄碱及其盐的混合药品	300450	已配剂量含有维生素等的其他药品
300349	含奎宁或其盐的混合药品	300460	含有青蒿素及其衍生物的药品
300360	含有青蒿素及其衍生物的混合药品	300490	含其他成分的中式成药

附表 2　医疗供应

HS 编码	产品名	HS 编码	产品名
220710	酒精浓度在 80% 及以上的未改性乙醇	350790	碱性蛋白酶
284700	过氧化氢	370110	未曝光的 X 光感光硬片及平面软片
300120	人类的腺体、器官及其分泌物提取物	380894	医用消毒剂
300212	唾液酸促红素、促红素衍生肽、氨甲酰促红素	382100	制成的供微生物（包括病毒及类似品）生长或维持用培养基
300290	两用物项管制细菌及病毒	382200	新型冠状病毒检测试剂盒
300510	橡皮膏	392620	聚氯乙烯制手套（包括分指手套、连指手套及露指手套）
300590	药棉、纱布、绷带	401490	硫化橡胶制其他卫生及医疗用品
300610	无菌外科肠线、类似的无菌缝合材料，无菌昆布及其塞条	401511	硫化橡胶制外科用手套
300620	血型试剂	701710	实验室，卫生及配药用玻璃器

续表

HS 编码	产品名	HS 编码	产品名
300630	X 光检查造影剂、诊断试剂	701720	其他玻璃制实验室等用玻璃器
300650	急救药箱、药包	701790	其他实验室、卫生及配药用玻璃器
300670	医用凝胶制品、润滑剂、耦合剂	901831	注射器
340212	阳离子型有机表面活性剂	901832	缝合用针
340213	含有壬基酚聚氧乙烯醚的有机表面活性剂	901839	导管、插管及类似品
350400	蛋白胨		

附表 3　医疗设备

HS 编码	产品名	HS 编码	产品名
841920	医用或实验室用消毒器具	902150	心脏起搏器
901050	特种照相用的洗印装置	902212	X 射线断层检查仪
901110	立体显微镜	902214	医用直线加速器
901180	高倍测量显微镜, 放大倍数≥1000 倍, 分辨率≤0.08 微米	902219	采用 X 光机技术或 X 射线加速器技术的 X 射线安全检查设备
901811	心电图记录仪	902229	γ 射线无损探伤检测仪
901812	B 型超声波诊断仪	902230	X 射线管
901813	成套的核磁共振成像装置	902290	X 射线影像增强器
901814	闪烁摄影装置	902511	含汞的可直接读数的非电子液体温度计
901819	病员监护仪的零件及附件	902519	温度传感器
901820	紫外线及红外线装置	902780	质谱联用仪
901890	听诊器	903020	300 兆赫以下的通用示波器
901920	无创呼吸机	940290	医疗, 外科, 兽医用家具及零件

附表 4　个人防护用品

HS 编码	产品名	HS 编码	产品名
340111	盥洗用含汞亮肤肥皂	392690	口罩
340130	洁肤用有机表面活性产品及制品	630790	口罩
340220	零售包装的合成洗涤粉	900490	呼吸器具及遮护面具
382499	消毒杀菌剂	902000	口罩

张琳，中国社会科学院世界经济与政治研究所助理研究员，中国社会科学院大学授课讲师。南开大学经济学博士，美国夏威夷东西方中心访问学者、亚太经济合作组织（APEC）访问学者。研究方向：国际贸易理论与政策、区域经济一体化等。著有《中国—东盟自由贸易区框架下贸易增长的二元边际分析》等书，在《当代亚太》《国际贸易》等期刊发表论文多篇，2017 年获中国社会科学院优秀对策三等奖。在《人民日报》《光明日报》《中国社会科学报》、中央人民广播电台、中国国际电视台（CGTN）等主流媒体发表观点，具有社会影响力。

石先进，中国社会科学院世界经济与政治研究所助理研究员，博士毕业于中国社会科学院研究生院经济系西方经济学专业，北京大学国家发展研究院博士后，研究方向：国际贸易、开放宏观经济与金融危机理论。